Kornmanns Wahrheit

Fröhliche Wissenschaft 201

Jan Eike Dunkhase

Kornmanns Wahrheit

Eine Geschichtslehre aus der Sattelzeit

Matthes & Seitz Berlin

Inhalt

Ein verspätetes Weihnachtsgeschenk

Im Februar 1961 gibt Reinhart Koselleck in Heidelberg ein schmuckloses Taschenbuch auf die Post. Es ist sein bereits vor Wochen angekündigtes, nun stark verspätetes Weihnachtsgeschenk für Carl Schmitt. Endlich habe sein Neuantiquar noch ein Exemplar dieses Buches aufgetrieben, »nachdem der Verlag den Restbestand schon abgestoßen hatte«, schreibt der Historiker seinem früheren Mentor. »Es ist bezeichnend, daß ein so bedeutendes Buch der 1945'er Konjunktur diesen Weg gegangen ist.«[1]

Bei dem Buch handelt es sich um eine Auswahl aus den späten Schriften des bayerischen Benediktiners Rupert Kornmann (1757–1817). Es war zwei Jahre nach dem Krieg im Nürnberger Sebaldus-Verlag erschienen, in einer Auflage von 5000 Exemplaren. Seinen Titel, *Der Historiker als Prophet*, wollte der Herausgeber dabei auch auf die jüngste Vergangenheit bezogen wissen: »geradezu für unsere Tage geschrieben« schien ihm Kornmanns Hauptwerk, *Die Sibylle der Zeit aus der Vorzeit* (1810), dem die meisten der Texte entnommen sind. »Die sehr wenigen, die es vor dem sog. ›Dritten Reich‹ kannten«, so der Münchener Mönch, Theologe und Rundfunkprediger Hugo Lang, »konnten von keiner Wendung in neuester Weltgeschichte überrascht werden. Kornmanns Wissen stellt sich als der feinstgeklärte Extrakt aller geschichtsphilosophischen Bemühungen seit der Renaissance dar«.[2]

Die Emphase von Kornmanns Ordensbruder ist das eine. Das andere ist, dass sich auch Reinhart Koselleck, damals 37 und erst noch auf dem Weg zum großen Geschichtstheoretiker unserer Zeit, dem höchsten Steigerungsgrad näherte, als er Carl Schmitt sein Buchpräsent anpries:

> Kornmanns Wahrheit bleibt im Schatten der Ideologen, die er wohl als erster von der Geschichte her entlarvt hat. Damit ist er größer als alle Vertreter der Restauration, die Geschichtsphilosophen blieben. Ich bin sicher, daß der Inhalt Sie über das schlechte Papier hinweglesen läßt, für das ich bei einem Geschenk sonst um Entschuldigung bitten müsste.[3]

Das eindringliche Bekenntnis zu der weithin unbekannten Geschichtslehre eines Benediktinermönchs um 1800 macht neugierig. Könnte sie etwa zur Theoriebildung des Historikers beigetragen haben? Was verband Reinhart Koselleck mit Rupert Kornmann? Vor allem aber: Wer war dieser

Kornmann und was hat es mit seiner Wahrheit auf sich?

Vor dem Eintritt in diesen Fragenkreis soll ein kleiner Teil von Kornmanns Wissen, vielleicht auch Kornmanns Wahrheit, von Interpretationen unbehelligt dargeboten werden.

Rupert Kornmann

Die Sibylle der Zeit aus der Vorzeit

(Auswahl)

I.

Die Begebenheiten unserer Tage häufen sich Schlag auf Schlag und drängen sich schneller als je aus allen Himmelsgegenden in das tobende Weltmeer.

Seit ein paar Jahrzehnten fällt beinahe auf jeden Tag eine große Erscheinung aus dem Sturm der Revolutionen, aus den Verwicklungen der Politik, aus dem Geräusch der Waffen.

Kaum ist eine große Begebenheit vorüber, so sieht man schon der folgenden entgegen. Der Neugierige wird unersättlich, der denkende Mann hat kaum Muße genug, um zu vergleichen. Der Süd und der Nord, Ost und West drehen sich unaufhörlich im Auge des Beobachters herum.

Ein Vesuv entzündet sich: Europa gerät nach und nach in Flammen, und selbst entfernte Weltteile empfinden die gewaltigen Stöße der politischen Erschütterung. Während der Kontinent gärt und der Ozean braust, während in den Kabinetten und geheimen Versammlungen rastlose Tätigkeit in Entwerfung der größten Pläne herrscht, zeigt uns das aufgeblätterte Buch der täglichen Begebenheiten ihre gewaltigen Entwicklungen.

Groß und mannigfaltig sind sie, diese Begebenheiten; ihr Außerordentliches aber liegt nur in der äußersten Geschwindigkeit, mit welcher sie sich ergeben oder herbeigeführt werden. Einem einzigen Menschenalter war es vorbehalten,

Dinge zu sehen, wozu einst das Leben vieler Generationen nicht hinlänglich war.

Unsere Zeitgeschichte ist eine Wiederholung der Taten und Ereignisse von einigen Jahrtausenden – in der allerkürzesten Zeitperiode.

Der gemeine Mann, der Mann ohne Geschichte sieht oder hört die Begebenheiten des Tages, er empfindet den Strom der Zeit, staunt, erwartet oder zittert; sein Staunen aber bleibt in der Sphäre des Gegenwärtigen. Der denkende Mann hingegen – mit dem Geist der Geschichte bekannt – weilt nicht bei der Gegenwart. Er nimmt zwar die Ereignisse seiner Zeit zum Sehpunkt; allein er visiert auf die vergangenen Jahrhunderte zurück, sucht und findet darin gleiche oder ähnliche Data und berechnet die scheinbar unbekannten Größen der Zukunft.

So haben bisher ausgewählte Männer einzelne Ereignisse in der Geschichte der Vorzeit, in den Umwälzungen der Jahrhunderte, in den Annalen alter und neuerer Völker aufgesucht und gefunden. Sie ließen Atlanten, Ägypter und Assyrier, Perser und Makedonier, Griechen und Römer, Osmanen und Franken, Anglosachsen und Deutsche auftreten, verglichen ihr Werden, ihre Revolutionen, ihre Siege, ihre Eroberungen, ihren Schwung, ihren Sturz, ihre merkwürdigen Männer, und überzeugten sich am Ende, dass – die Differenzen der Zeit ausgenommen – nichts Neues unter der Sonne geschieht.

Es wäre kein unmögliches Unternehmen, unsere Zeitgeschichte mit ganzen ausgehobenen Perioden aus den Annalen verschiedener Nationen unter gewechselten Namen zu schreiben. Die mannigfaltigen Richtungen des menschlichen Geistes, die Darstellungen gewagter Unternehmungen, die Gemälde der Sitten und Verirrungen, der Ton der Revolutionen, die Gänge der Völkerumstimmung, der Intrigen, der Traktate, der Bündnisse, der Akquisitionen usw., die Sprache der Redner, die Apotheosen der Dichter, die Proklamationen der Helden usw. sind nur Kopien der Vorzeit.

Wenngleich heutzutage außerordentliche Dinge geschehen, so erscheinen sie doch nicht zum ersten Mal auf der Bühne der Welt.

Auch die Gesetzgebung lieferte sehr viele Kopien alter Originalien. Überhaupt: Es geschah, was geschehen ist.

Es scheint, die Geschichte halte unter einer gewissen Beziehung mit der Natur gleichen Schritt; nur mit dem Unterschiede, dass der Natur ein Zeitraum bestimmt ist, worin sie gleichförmig wirkt, von den Tiefen in die Höhe, von der Höhe in die Tiefen, von der Verwesung zur Palingenesie; von dieser zu jener. Die Geschichte hingegen hat keine bestimmte Zeit, wenngleich über kurz oder lang aus den nämlichen Ursachen die nämlichen Resultate folgen.

Noch ist keine Nation in geradliniger Bewegung fortgeschritten. Viele gingen wieder dahin, wovon sie ausgegangen sind. Oft gab ein einziges Unternehmen, eine einzige Begebenheit der geraden Linie einen Nebenstoß; es entstand eine Kurve, und am Ende war es nur ein Umkreis.

Selbst die Geisteskultur gab keinen Schutzbrief gegen das Los der Zergänglichkeit: Wo sind die glänzenden Nationen hingekommen, aus deren Originalien wir uns bilden? Wie sind Künste und Wissenschaften ausgewandert!

Nur in der kürzeren oder längeren Zwischenzeit, nur in der Verzögerung der ehemaligen Folgen hat bisher der Kalkül der Politik einen Stein des Anstoßes gefunden. Die Intermediarereignisse scheinen zuweilen den Weltbegebenheiten eine neue Wendung, einen anderen Ausgang zu geben als die Geschichte unter den nämlichen Verhältnissen sie erwarten ließ. Dennoch geschah – oft unerwartet –, was einst geschehen, und es wird noch werden, was gewesen ist.

Die Geschichte wiederholte sich; sie erhielt neue Belege, und diese Belege werden sich mit dem zunehmenden Alter der Welt wiederholen und anhäufen.

Die spielenden Personen bleiben Menschen, ihre Handlungen menschlich, und der Platz, worauf gespielt wird, ist eine begrenzte Kugel.

Das Theater bleibt, die Stücke werden wiederholt. Jetzt treten die nämlichen Menschen unter verschiedenen Gestalten auf, jetzt die nämlichen Gestalten unter anderen Menschen. Die neuen Dramen assimilieren sich den alten, und die alten werden hervorgezogen, um die neuen zu schildern. Die Leidenschaften bleiben sich gleich. Man liebt und hasst, man singt und weint, man liebt sich auf der Bühne und hasst sich hinter den Kulissen, oder umgekehrt; während der Zuseher auf den Ausgang begierig ist, ihn zu erraten sucht oder wirklich vorhersieht.

Die Parallelen der Zeiten und Jahrhunderte erhalten dann immer einen höheren Wert, und der Geist der politischen Divinationen ist dadurch nicht erschüttert, wenn seine Anwendung auf einige Zeit verschoben ist. Vielmehr erhöht sich bei dem beständigen Wechsel sein Interesse, indem die Data sich mehren, durch deren Belehrung man in den Stand gesetzt wird, die Paroxysmen der Staaten und Zeiten zu kombinieren, sie so lange als möglich hinzuhalten und für die möglichst lange Dauer der Regierungen, der Selbstständigkeit, des Nationalwohlstandes zu sorgen.

Änderungen und Umwälzungen werden immer sein.

Eine vollkommene Regierung, eine vollkommene Verfassung, von Menschen entworfen und Menschen anvertraut, ist ein Unding.

Die Ähnlichkeiten der Reiche und Staaten im Steigen und Fallen, die Parallelen großer Regenten, die Gegeneinanderstellung oder Anreihung wiederkehrender Ereignisse als Folgen gleicher oder ähnlicher Ursachen sind dann vorzüglich geeignet, den Blick von dem Vergangenen in die Zukunft zu leiten und den unbefangenen Forscher der Geschichte mit der Gabe der politischen Vorhersehung zu beseelen.

Je öfter die Begebenheiten sich wiederholen, desto mehr wachsen die Belege über bestimme Maximen.

Je öfter sich gleiche Symptome sterbender Staatskörper zeigen, desto verlässlicher wird das Urteil über eine gegenwärtige Krankheit.

Je schärfer der Blick in die Vergangenheit, desto richtiger sieht er in die Zukunft. Und so steht der Weise, mit der Geschichte in der Hand, zwischen dem, was geschehen ist und geschehen kann, zwischen der Vor- und Nachwelt.

Die Begebenheiten unserer Zeit haben zur Ehre der Geschichte selbst die Angaben und Erzählungen älterer Geschichtsschreiber gerechtfertigt, welche die Kritik bisher als überspannt verworfen oder bestritten hat.

Es wird dann immer wichtiger, gewisse Maximen aufzufassen, über welche bereits Jahrhunderte abgestimmt haben: gleichförmige Ursachen und Wirkungen aneinander zu reihen, und die merkwürdigen Ähnlichkeiten zu sammeln, um sie bei wiederkehrenden Ereignissen zur richtigen Vorhersehung zu benützen.

Hierin liegt im Allgemeinen der Geist der politischen Divination. Dessen Lebenstätigkeit ist dann die Geschichte. Es sei fern von mir, der Geschichte eine vollkommene Divinationskraft einzuräumen. Ich behaupte nur, dass sie in Gesellschaft anderer Wissenschaften das erste Licht des Sehenden in die Zukunft ist.

Wir brauchen auf der Stufe der Aufklärung, worauf wir stehen, keinen Flug der Vögel, keine Auspizien, keine Auguren, keine Pythonen und Sibyllen. Die Geschichte in sich wiederkehrend, nach Jahrtausenden so oft gleichförmig, von Vorurteilen weniger umnebelt, mit Wissenschaften umgeben, welche ihren Glanz nach allen Richtungen verbreiten, steht nunmehr in einem Lichte da, dessen Strahlen auch den Schleier der Zukunft durchdringen können.

Man hat die Geschichte bisher bis zum Überfluss mit der Fackel der Philosophie – nicht selten aber mit einem rauchenden Flambeau – beleuchtet.

Es ist Zeit, dass sich auch die Philosophie von der Geschichte beleuchten lasse. Nur die Geschichte, nur ihre Kombinationen können die Aufgaben der Zukunft am wahrscheinlichsten lösen. Nur die Geschichte kann es sagen, ob und wie oft diese Begebenheit unter den nämlichen Gestalten sich ereignet, welche Folgen sie hervorgebracht, welche zu vermuten, zu erwarten, zu fürchten sind.

Man lasse sie aber nackt und frei, man zwinge sie nicht in die herrschende Meinung der Zeit; man berechne aus gleichförmigen Fällen die Wahrscheinlichkeit der Resultate, ohne den ehemaligen Begebenheiten ein beliebiges Kolorit zu geben, ohne andere Ursachen unterzuschieben oder sie in ein Lieblingssystem mit Gewalt einzupassen – ein gewöhnlicher Fehler der heutigen Parallelen, deren Bilder man nicht so fast in der Geschichte als in einer erhitzten Einbildungskraft suchen muss.

Macht und Aufklärung haben die Menschen geblendet, dass sie glaubten, unter diesen hohen Schutzwehren könnte sich das nimmermehr ereignen, was sich einst zugetragen hat.

Der Weise verliert auch die lang vergangenen Begebenheiten nicht aus den Augen, wenn sie ihm gleich durch die Entfernung, wie die Sterne, klein zu sein scheinen. Er sieht das Große auch im Kleinen. Er sieht in dem Alten das Neue und in dem Neuen das Alte, die Gegenwart in der Vergangenheit und in beiden die Zukunft.

Hat gleichwohl die Zahl der Seher Gottes, die einst den Königen oder dem Volke ihre künftigen Schicksale weisgesagt haben, abgenommen, so ist die Fürsehung durch die Geschichte gerechtfertigt. Sieh in das Buch der Weltbegebenheiten, wie sie sich stets erneuern und wie oft bereits das wiedergekommen, was ehedem ein Prophet einem Gekrönten oder einem Volke vorhergesagt! Treu und gleich bleibt sich die Fürsehung in ihren Verheißungen, in ihren Beschlüssen, in ihrem Plane. Und so sind erfüllte Weissagungen zur Warnung, Vorbedeutung und Anspielung auf künftige Begebenheiten geworden und auf diese Weise die Geschichte zum Orakel der Fürsehung erhoben. Nur die Kindheit bedarf weissagender Warnungen, dem reifen Alter genügt die Erfahrung. Wird das Betragen der Nachwelt dem Betragen der Vorwelt gleich, so veranlasst es auch die Wiedererscheinung der Vorgeschichte. Die Weltbegebenheiten sind wie die Kometen. Beide erscheinen wieder. Nur hat man zu spät angefangen, ihre Gänge und Bahnen zu beobachten, oder man hat beide gefürchtet, diese aus Vorurteil und jene aus Scheu der Wahrheit.

Die Welt wird älter, die Ereignisse wiederholen sich, die Belege werden angehäuft, die Erfahrungen wachsen. Steigen und Fallen, Fallen und Steigen ist der beständige Wechsel der sublunarischen Welt. Unzählige Ähnlichkeiten stellen sich dem Forscher der Geschichte dar.

Die Geschichte zeigt uns bei dem Los der Reiche wie bei den Menschen Kindheit, Jugend, männliche Jahre und hohes Alter; eine Spur von ewiger Dauer zeigt sie uns nicht.

Wer wird endlich so töricht sein und behaupten wollen: Die gegenwärtige Gestalt der Dinge, welche der Geist der Zeit herbeigeführt, hätte den Weltbegebenheiten eine solche Richtung und Festigkeit gegeben, dass das Ehemalige nicht wieder erscheinen dürfe, das große, schnell entwickelte Werk wäre weit über die Vorzeit erhaben und biete jedem Einsturz und der Verwesung Trotz.

Möge das Universum in vielen Kenntnissen, in Künsten und Erfindungen fortschreiten! Die Natur hat noch zu vieles in sich, worüber sich unsere späteren Nachkommen wundern werden, dass wir – weiland Aufgeklärte – es nicht gewusst haben. Allein im Reich der Sitten und der Politik wird sich die Bewegung, wie bisher, bald fortschreitend, bald rückgängig zeigen und der Rang der Jahrhunderte noch lange unentschieden bleiben.

So bleibt es eine entschiedene Sache, dass hauptsächlich die Geschichte von dem Vergangenen in die Zukunft führe und folglich eine methodische Zusammenstellung gleichförmiger Maximen, Ereignisse, Charaktere, Leidenschaften, Untersuchungen usw. den Geist der politischen Divination ausmache.

Die Zeit, in der wir leben, hat uns hierüber vielfältige und große Aufschlüsse gegeben, und wir werden sie noch mehr zu würdigen wissen, wenn das Schauspiel geendet ist und der Vorhang fällt.

II.

Mit der zunehmenden Aufklärung hat die Wahrscheinlichkeit des Verfalls der Reiche und Staaten nicht abgenommen.

Mit dem zunehmenden Alter der Welt erhielten die Staateninteressen eine immer größere Ausdehnung. Der Stoß eines politischen Erdbebens wird in der größten Entfernung empfunden und die Ruhe der Völker immer mehr gefährdet.

Je größer die Reiche, desto fürchterlicher ist ihr Einsturz oder ihre Erschütterung.

So groß und vielfach die Ursachen sind, welche das Schicksal der Länder und Reiche bestimmen, so fruchtlos ist die Bemühung, allen zu begegnen.

Jeder Vorschlag zu einem ewigen Frieden ist entweder eine höchst gewagte Behauptung oder ein schöner Traum.

Es ist das Schicksal der Staaten wie einzelner Menschen, erst klug zu werden, wenn die Gelegenheit es zu sein verschwunden ist.

Der Handel ist an und für sich geneigt, die Vorteile der Menschen in Kollision zu bringen. – Was wird er erst alsdann für eine feindliche Gestalt annehmen, wenn er zu einem Nationalinteresse wird?

Was Erdbeben, Überschwemmungen und Vulkane in der Erdgeschichte, was Raubtiere in der Geschichte der lebendigen Natur sind, das sind die verwüstenden Anstalten und Taten der Völker in der Weltgeschichte.

So wichtig diese Entdeckung [der neuen Welt] sein mag, so hat doch durch selbe (von ihrem Anfang bis auf den heutigen Tag) das Glück der Nationen und die Ruhe der Welt nichts gewonnen. Neue Kriege, neue Umwälzungen, neue Verbindungen, neue Kollisionen, unzählige Gründe zur Zerstörung.

Der Anfang des achtzehnten Jahrhunderts setzte Politik und Armee in volle Bewegung und lieferte neue Beweise, wie Größe und Macht zum Spielball des Glückes werden. Die steigende Aufklärung hat in diesem Jahrhundert dem Feuer der Verheerung und den Strömen des Bluts nichts weniger als Schranken gesetzt. Es hat vielmehr durch die mannigfaltigsten Tathandlungen bewiesen, dass die sogenannte Politur eben jene Ereignisse herbeiführen könne, die sich einst in den Zeiten der Barbarei eingefunden haben, und zivilisierte Völker ihre Grausamkeiten nur desto mehr raffinieren. Genug, dass am Ende dieses Jahrhunderts selbst Wieland sich nicht getraute, die Frage bejahend zu entscheiden: »Sind wir in dem achtzehnten Jahrhundert weiser – besser – glücklicher geworden?«

Die Revolution beginnt. Wer die Geschichte der Vorzeit nicht in seiner Gewalt hatte, dem schienen ihre Ereignisse außerordentlich und unbegreiflich. Indes ist doch die Schnelligkeit, mit welcher eine Umwälzung auf die andere folgt, erstaunungswürdig. Die Ereignisse seit anderthalb Dezennien sind eine Wiederholung der Perioden alter und neuer Völker von einigen Jahrtausenden. Schon hat sich die Weltgeschichte größtenteils erneuert. Und nach den treibenden Keimen der Gegenwart wird auch das noch kommen, was abgängig ist.

Der Hang zur Vergrößerung hat manchen klein gemacht.

Der Eroberer, dem die Welt zu eng wird, weiß am Ende selbst seinen letzten Zweck nicht.

So brachten die Europäer ihre Mordmaschinen nach Amerika, Asien und Afrika.
    Nie gab sich die Politik mehr Mühe, ihren Handlungen einen moralischen Wert beizulegen, als wenn sie in Despotie überging.

Das Gepräge der Gewaltverfassungen sind überhaupt Furcht und Misstrauen.

Streicht aus euren Annalen alle die lärmenden Eroberungen und Gewalttätigkeiten hinweg, die sie anfüllen, und zeiget uns nur die goldenen Zeiten des friedlichen Besitzes und der ungekränkten Völkerruhe! Ach, wie klein wird die Weltgeschichte!

Schwebt wohl das neunzehnte Jahrhundert minder schrecklich vor unseren Augen?

Bald wird man in einem großen Teil von Europa nicht mehr ackern können, ohne auf Gebeine der Erschlagenen zu treffen, und wie Lucan über Thessalien seufzen: Unglückliches Thessalien! Welches Zeitalter wird hinreichen, dir das Unheil des Krieges in Vergessenheit zu bringen!

Bald wird man ganze Landkarten mit Schwertern und Totenköpfen als Zeichen vorgefallener Schlachten, Bestürmungen, Scharmützel überziehen können und die unbedeutendsten Ortschaften werden eine blutige Zelebrität durch verewigte Namen und Titel erhalten. – Häufig sammelt sich die zerfleischte Welt an dem Ufer des Flusses, wo man das Vergangene vergessen soll.

Es waren Zeiten, da nannte man die Kriege Folgen und Reste der Wildheit. Welchen Namen verdienen sie wohl unter der Sonne der Aufklärung? – Nein! So lange die Kriege nicht seltener und menschlicher werden; so lange man es noch für den größten Ruhm hält, über die Leichen der Menschen in die rauchenden Ruinen eroberter Städte unter dem Heulen der Einwohner mit klingendem Spiel einzuziehen – so lange hat die Aufklärung noch nicht ins Große gearbeitet! Sollte je gegen alle Erwartung so ein glücklicher Zustand einer dauerhaften Völkerruhe erscheinen, was würden wohl unsere Nachkommen von unserem Zeitalter sagen?

Unter die großen Zerstörungsarten des Zeitgeistes gehört das unaufhörliche Rein- und Bessermachen. Man reinigt bis zur Auflösung.

Ich bin weit entfernt, mich gegen den schönen Geist der wahren Aufklärung zu erklären oder der Dummheit, dem Bigotism und dem Wandeln im Finstern das Wort zu sprechen. Ich habe selbst, sowohl in meinem Beruf als in meinem Wirkungskreis, der Aufklärung lange gedient und das Vergnügen gefühlt, durch ein sanftes Bearbeiten einer gutwilligen Erde Früchte zu sehen, deren Wachstum man kaum bemerkt hatte. Mit einem Mal aber geschah der große Trompetenstoß, um die Geisterwelt schnell zu erschüttern, und durch einen raschen Übergang zu anderen Begriffen die

Menschen zu überzeugen, dass sie weder denken noch glücklich sein dürfen, wie sie es wollen. Die Aufklärung sollte nun nicht mehr durch eine sanfte Morgenröte, sondern durch Donnerschläge herbeigeführt werden. Wenngleich Gewalt und Zerstörung die Mittel hierzu waren, so erteilte man dennoch ihren Ruinen den Namen der Prachtwerke des menschlichen Geistes und feinerer Sitten; während nach dem ewigen Zirkel der Dinge die Befehlshaber der großen Aufklärung in ihrem Wirkungskreise das Nämliche taten, worüber sie die vergangenen Zeiten angeklagt hatten. – Man hat die Kreuzzüge getadelt; man hat die Unternehmungen gegen die Neue Welt in ihrer gräulichen Gestalt hingestellt; man hat die Inquisitionen verabscheut; man hat die verlorene Freiheit zu denken und zu reden bedauert; man ist gegen den Menschenhandel, gegen die Leibeigenschaft und die drückenden Frondienste usw. zu Felde gezogen. – Und das alles mit Recht. Aber lasst uns die Namen ändern und wir finden alle diese Erscheinungen unter der brennenden Sonne der Aufklärung wieder, von der furchtbaren Reibung politischer Opinionen angefangen bis auf die allgemeine Fron des Bluts; von den übertriebenen Sophismen einer eingebildeten Weisheit bis zur lügenhaften Gestalt der Humanität. Die Fehden, die man den Vorurteilen und Missbräuchen angekündigt hat, verdienten am Wenigsten, dass man so viel Wesens aus ihren Siegen machte. Man hat entweder mit der schweigenden Vergangenheit gekämpft oder zum Sieg geblasen, wenn man über Unbewaffnete hergefallen ist. Immer musste die Fama in Tätigkeit sein, neue Siege über alte Vorurteile zu verkünden, wenn es gleich nichts anderes dazu brauchte als einen Federzug. Trophäen aus Kleinigkeiten sind keine Trophäen; und Siege über Andächteleien und Missbräuche alter Weiber waren ebenso wenig eines Trompetenstoßes wert als Domitians Triumphzüge über erlegte Fliegen. – Man hat alles Alte verworfen oder, was eines ist: das Gute, das schon lange da war, sich selbst zugeeignet. Man hätte glauben sollen, diese zweite Schöpfung wäre ebenfalls aus dem Nichts hervorgegangen, Bäume und Früchte wären aus dem Paradise über Nacht gewachsen. Man hat die Erde aufgegraben und die schönen Denkmäler der Vorzeit hervorgezogen. Man hat Statuen, Kunststücke und Gemälde der vorigen Zeiten gesammelt und zur Schau aufgestellt, um zu zeigen, dass alle vorigen Jahrhunderte gegen das unsrige nichts sind und der Sammler ein größerer Mann ist als der Künstler oder Urheber. Es ist endlich der Aufklärung das nämliche Schicksal zuteil geworden, welches der Anteil so vieler Institute ist, sobald sie ihre Grenzen überschreiten: Sie ist mit sich selbst uneins geworden. Und so besteht nunmehr der Kampf nicht so fast zwischen Licht und Finsternis als zwischen Licht und Brand.

Hat wohl endlich die Aufklärung ins Große gearbeitet? Hat sie die Politik menschlicher gemacht und Kriege und Verheerungen vermindert? Hat sie das Blut besser schonen gelehrt als in der tiefsten Barbarei? Hat sie die Völker den wahren Geist der Freiheit kennen gelehrt? Oder hat sie nicht vielmehr gerade da, wo sie am tätigsten war, die Völker zur Empörung gereizt? Hat sie die Fürsten an das Wohl ihrer Untertanen nähergebracht? Hat sie den Wunsch nach alter Sitte überflüssig gemacht? Hat sie das wechselseitige Vertrauen in der bürgerlichen Gesellschaft befördert oder die Menschen so fein, so verschlagen gemacht, dass keiner dem Andern trauen kann? Hat sie uns die Gottheit mit Wegräumung aller Hindernisse des Sehens so schön enthüllt, dass ihr Anblick und ihre Anbetung zu den reinsten Religionsgefühlen geleitet hat? Hat sie der überhandnehmenden Sittenverderbnis den Damm gesetzt oder geöffnet? Und auf wessen Seite liegt die schwere Schuld der unglücklichen Vergangenheit? So lange diese Fragen nicht zum Vorteil der Aufklärung entschieden sind, so lange können wir uns, um die Offenbarung überflüssig zu machen, auf die verfeinerten Formen, auf die gewaltige Sprache des Zeitgeistes, auf die Grundsätze der Vernunftmoral, auf das Phantom der vergötterten Freiheit, auf das Zerstörungsprinzip einer besseren Verwendung, auf die Göttlichkeit junger

Religionsphantasten so wenig berufen als auf die Sitten von Rom, Athen, Sparta und China.

Aus allem dem folgt, dass die echte Aufklärung dem Druck der falschen immer mehr unterliegt, die nur von der Zerstörung ausgeht. Echte Aufklärung steht im engsten Bündnis mit der Religion, und nur gemeinschaftlich können Beide zum Besten der Sitten und der Staaten wirken. Beide klären nicht zum Bösen auf.

Die Wiederkehr barbarischer Zeiten hatte immer den Verfall der Religion zum Vorboten.

III.

Derjenige, der die Vorzeit kennt, wird auch die Gegenwart richtiger zu beurteilen wissen.

Die Welt- und Menschengeschichte ist die beste Weltweisheit.

Man kann das Sehrohr zum Vergrößern und zum Verkleinern brauchen.

Je mehr die Polizey die Sprache bindet, desto weniger weiß sie.

So lange du dich mit einem Größeren vergleichst, bleibt dein Geist unruhig.

Ein Monarch, der sich zum Gott macht, ist nicht einmal ein Mensch.

Gesetze auf Gesetze häufen – zerdrücket ihre Tafeln.

Diejenigen, welche kleine Vorurteile bekämpfen, haben nicht selten die allergrößten.

Der Geist der Erfindung hat in den Zeiten der Verfeinerung neue Mordmaschinen erfunden und die alten verbessert.

Unsere Zeitgeschichte hat eben keine großen Proben über die so hoch erhobene Menschenveredelung geliefert.

Nichts ist in der gelehrten und politischen Welt so sehr zu bedauern als der Zwang, mit dem man die Geschichte behandelt.

Statt sich von der Geschichte leiten zu lassen, zwingt man sie in das System des Tages.

In den Annalen der Menschheit ist die Geschichte ihrer Leiden die reichhaltigste.

Nur diejenigen sprechen so Vieles von der Perfektibilität, die mit dem Organisieren nicht fertig werden.

Die Welt ist so systematisch geworden, dass man selbst Bankrotte System genannt hat.

Altäre werden zerstört und ihre Ruinen ausgegraben.

Das größte Unglück der Aufklärung ist, dass jeder ihrem Lichte eine andere Stellung oder einen anderen Schatten gibt.

Der Überspannung der Ideen hat unser Zeitalter viel Unheil zuzuschreiben.

Der erste Schritt zur Verschlechterung ist die Gleichgültigkeit.

Unsere Zeitgeschichte ist eine kurze Wiederholung der allgemeinen Weltgeschichte.

Nach den Theorien exaltierter Ökonomen sollte man glauben, man führe das Geld auf Heuwägen in die Scheunen, Keltern, Obstgeläger und Stallungen.

Die Schule der Großen ist die Weltgeschichte.

Die Gegenwart kann man wohl zum Schweigen bringen; nicht so die Nachwelt.

Nichts geschieht von ungefähr. Alles hat seinen Grund in dem Vorhergegangenen, selbst das Unerwartete.

Das Völkerrecht hat bisher noch keine heilige Bundeslade zur Aufbewahrung gefunden.

Das Göttliche lässt sich nicht erzwingen.

Das Lob der Humanität ist keine besondere Auszeichnung.

Das Lob der Liberalität verdient eine höhere Würdigung, wenn man nicht auf fremde Kosten freigebig ist.

Was die Natur begrenzt hat, ist deswegen noch nicht völkerrechtlich.

Die beste Fabrik eines Landes ist da, wo der Boden der erste Mitarbeiter ist.

Die wahre Resignation ist eine Tochter heroischer Entschlossenheit, auf das Wort des Höchsten gestützt.

Wenn unsere Zeitgeschichte keine weisen Lehren auf unsere Zeitgenossen gebracht hat, so mögen gleichwohl unsere Nachkommen dieselbe ruhiger beurteilen.

Ohne Richter der Welt ist die Weltgeschichte ein trauriger Roman.

Der Genius der Freiheit wurde so lange angebetet, bis er sich als den schwärzesten Dämon gezeigt hat.

Wer den Gang der Weltgeschichte unbefangen betrachtet, der wird in der Verkettung der Begebenheiten die Hand der Fürsehung nicht leugnen können.

Gott hat nicht gesprochen: Zerstöret die Erde, sondern füllet sie!

Wir sollten uns glücklich schätzen, dass die Vorzeit so viele traurige Erfahrungen zu unserer Belehrung gemacht hat.

Der Spiegel der Geschichte ist der beste Wahrsager.

Den Namen des Unüberwindlichen macht die Weltgeschichte höchst verdächtig.

Viele wären Weise geworden, wenn sie nicht geglaubt hätten, dass sie es schon seien.

Die Trümmer der Vorzeit sind die Warnungstafeln der Gegenwart und Zukunft.

Die Geschichte ist eine aufrichtige Freundin. Sie sagt Manchem das, was sich keiner zu sagen getraut.

Auf den Ruinen der Religion erhebt sich die Macht von den Usurpatoren der Throne.

Wenn du groß bist, so glaube nicht, dass dir die Geschichte keinen Nutzen bringe. Du selbst gehörst der Geschichte an.

Unschuldige Völker sind ein seltener Fall in der Geschichte.

Viele verurteilen sich selbst, indem sie Andere richten.

Unser Zeitalter hat sich leider auch dadurch ausgezeichnet, dass es der Sache, die es kurz zuvor vergöttert hatte, den schwärzesten Anstrich wieder zu geben wusste.

Außer der Tugend gehört dem Menschen nichts als der Augenblick.

Nur dasjenige schreiben dürfen, was dem herrschenden Geist huldigt, ist Notzüchtigung der Geschichte.

Majestätisch schreitet die Welt- und Menschengeschichte in ihrem Gange fort; es mögen die Reiche auf- oder untergehen, die Menschen eine Rolle spielen, welche sie wollen, glänzende Taten mit schwarzen wechseln, die Tugend leiden oder triumphieren. – Ihr fester Schritt bezeichnet von Zeit zu Zeit die Ereignisse der Welt, die kühnen Unternehmungen ihrer Bewohner, das Steigen und Fallen alles Irdischen zur Belehrung der Nachwelt. Ein Jahrhundert wird das Beispiel des andern, ein großes Ereignis spiegelt sich in dem andern, große

Menschen erblicken ihr Bild in der Vorzeit; und so erweitert die Geschichte immer ihr Gebiet, wenn sie gleich das Nämliche so oft wiederkommen lässt, um uns zu belehren, was wir von der Gegenwart zu erwarten haben, und was sie für die Zukunft entwickeln werde. Das Ansehen der Geschichte vergrößert sich von Zeit zu Zeit mit der Ähnlichkeit wiederkehrender Begebenheiten und erleichtert unsere Ansichten und Schlüsse. Tausend fremde Erfahrungen dienen uns zum Leitfaden. Um weise zu werden oder das Vaterland zu finden, bedürfen wir weder der Gefahren noch der Verwegenheit eines Ulysses. Man lernt Sitten und Städte kennen, ohne diese zu bereisen; man kann das wahre Meer ohne Schiffbruch durchwandern, Sirenen vernehmen, ohne gefangen zu werden, mit Zyklopen sprechen und sie besänftigen; man kann endlich das Fehlgeschlagene auf fremde Kosten wissen und über die Trümmer der Vorwelt zu dem Tempel der Gerechtigkeit gelangen, auf welchem die goldene Aufschrift glänzt: *Discite justitiam moniti, et non temnere divos*, wovon am Ende doch alles abhängt.

Auf diese Weise führt die Geschichte zur wahren Lebensweisheit und mit Recht nannte sie Thukydides die Philosophie durch Beispiele.

Es wird immer schwerer, die Geschichte der Vorzeit zu schreiben, ohne die Gegenwart zu beleidigen.

Säkularisation und Resignation

»Mann geht ja mit uns nicht wie mit Menschen, sondern mit einer Waare um. – Und will man uns als Menschen behandeln, warum dürfen wir nicht wenigst eines schnellen Todes sterben; warum sollen wir es empfinden, daß wir sterben.« – Der schnelle Tod ließ auf sich warten. Vorerst hatte er nur einen Vorboten geschickt, einen »zerstörenden Plan«, wie Rupert Kornmann im Dezember des Jahres 1798 erkannte: »Man sieht hieraus deutlich, daß es demnach auf nichts anders, als den gänzlichen Ruin der Klöster angesehen ist.«[1]

Die düstere Prognose führt in das Kurfürstentum Bayern. Hier regierte seit gut zwei Jahrzehnten der Kurfürst Karl Theodor, ein aufgeklärter Absolutist aus der pfälzischen Linie des Hauses Wittelsbach. Er hatte 1794 seine linksrheinischen Stammlande an Napoleon verloren und die von den andauernden Kriegskosten beförderte Verschuldung des Landes durch höfische Misswirtschaft noch verschärft. Um die Staatskasse wieder zu füllen, erwirkte er im September 1798 von Papst Pius VI. die Genehmigung, den bayerischen Klöstern 15 Millionen Gulden abzupressen – eine exorbitante Summe, die von den Betroffenen nur durch die Veräußerung eines großen Teils ihrer Besitztümer würde erbracht werden können.

Dies war der »zerstörende Plan«, auf den sich Rupert Kornmann in seinem Brief an Abt Carl Klocker von Benediktbeuern bezog. Gemeinsam mit dem Präses der bayerischen Benediktinerkongregation führte der Abt von Prüfening seinerzeit eine »eindrucksvolle Selbstbehauptungs-Kampagne« der landständischen Klöster Bayerns.[2] Nachdem es Kornmann gelungen war, die Landschaftsverordneten des Adels und der Städte mit verfassungspolitischen Argumenten zur Solidarität mit dem zum Widerstand vereinten Prälatenstand zu bewegen, starb im Februar 1799 der ungeliebte Kurfürst – und bald darauf auch seine Zahlungsforderung.[3]

Das gescheiterte Kontributionsprojekt gilt als historischer Auftakt der Aktivitäten, mit denen um 1800 in Bayern die politische Vernichtung der Klöster betrieben wurde.[4] Sie war Teil des umfassenderen Vorgangs, der in der großen territorialen Flurbereinigung nach dem Reichsdeputationshauptschluss vom 25. Februar 1803 endete. Das letzte Grundgesetz des Heiligen Römischen Reiches verlieh einer Revolution von oben Rechtswirksamkeit: Fast sämtliche geistlichen und die meisten kleineren weltlichen Herrschaftsgebiete, insgesamt mehr als 100 Reichsstände, wurden nun *mediatisiert*, d. h. größeren Fürstenstaaten einverleibt, die geistlichen Fürsten dabei ihrer Hoheitsrechte entkleidet, *depossediert*. Gleichzeitig wurden alle reichs- wie landesunmittelbaren Kirchengüter enteignet und dem jeweiligen Staat zugesprochen. Die Stifte, Abteien und sonstigen Klöster verloren also nicht nur wie die mediatisierten Adelsherrschaften ihre Territorialhoheit, sondern, anders als diese, auch ihren gesamten Besitz; sie wurden gänzlich aufgehoben. Hierfür stand der Begriff *Säkularisation*.[5]

Generationen von Gymnasiasten haben die neue Übersichtlichkeit auf historischen Wandkarten zu schätzen gelernt, nachdem der mal mehr, mal weniger nationalistische Geschichtslehrer zuvor den sprichwörtlichen »Flickenteppich« des Alten Reichs als Fanal politischer Rückständigkeit und deutscher Machtlosigkeit bemängelt hatte. Auf der historischen Zielgeraden der Modernisierung konnte die neuzeitliche Auslöschung mittelalterlicher Überreste schwerlich zu Buche schlagen. Allerdings hat das Projekt der Moderne dadurch, dass der (ursprünglich kirchen-)rechtsgeschichtliche Grundbegriff »Säkularisation« sich im späteren Sprachgebrauch mit dem weltanschaulichen Konzept der »Säkularisierung« vermischte, einen Anstrich von Illegitimität erhalten.[6]

Die Säkularisation von 1803 bedeutete verfassungsrechtlich das Ende des Ersten Standes, der Fürstbischöfe, der Reichskirche. Sie betraf, auf einer Fläche von rund 10 000 Quadratkilometern, aber auch mehr als drei Millionen Menschen, die in geistlichen Territorien lebten, ohne selbst der Geistlichkeit anzugehören. Sie wurden nun zu Untertanen absolutistischer Fürsten, deren leistungsorientierte Beamte ihnen in der Regel rigider gegenübertraten als ihre früheren Grundherren. Eine emanzipatorische Wirkung lässt sich der Säkularisation nur aufgrund viel späterer Entwicklungen attestieren. Erst einmal brachte insbesondere der jähe Abbruch der sozialen wie nachhaltigen, dem Geist des Kapitalismus fernstehenden Klosterökonomie der überwiegend auf dem Land lebenden Bevölkerung nur Härten, ganz zu schweigen von den nicht messbaren emotionalen und spirituellen Verlusten.[7]

Langfristig zog nicht zuletzt die Schließung der klösterlichen Schulen und Studienanstalten einschneidende Folgen nach sich. Sie trug zu der oftmals konstatierten »geistigen und kulturellen Inferiorität im katholischen Deutschland« bei.[8] Wenngleich wohl selten das Ideal der pädagogischen Provinz verwirklicht wurde, hatten doch vor allem die Prälatenklöster seit Jahrhunderten Bildung, Wissenschaft und Künste gefördert. Auch dies brach nun weg. Während die Klosterkirchen vielfach als Pfarrkirchen weiterhin religiöse Verwendung fanden, wurden die verwaisten Wohn- und Wirtschaftsgebäude, sofern nicht private Käufer sie bezogen, dem Geist der Zeit gemäß in Fabriken oder Disziplinaranstalten (Kasernen, Irrenhäuser, Gefängnisse) verwandelt, mitunter auch abgerissen. Die Mönche und Nonnen selbst schließlich erlebten die Zerstörung ihrer Lebensform. So auch der Abt des Klosters Prüfening bei Regensburg.

Rupert Kornmann stammte aus bürgerlichen Verhältnissen. Er wurde 1757 in Ingolstadt geboren und auf die Namen Ludwig Anton Moritz getauft. Drei Jahre darauf zog die Familie nach Amberg, wo der Vater die Ämter eines militärischen Bau- und Ökonomieverwalters und kurfürstlichen Kammersekretärs übernahm und der Sohn das Jesuitengymnasium besuchte. 15-jährig erlebte er die päpstlich verfügte Aufhebung des Ordens. An das klösterliche Leben wurde er wohl von seinem Verwandten Frobenius Forster, dem Abt der Benediktiner-Fürstabtei Sankt Emmeran in Regensburg herangeführt; ein anderer Verwandter war als kurfürstlicher Hofkammerrat zugleich Richter im nahegelegenen Kloster Prüfening. Hier legte der junge Kornmann 1777 die Ordensgelübde ab.[9]

Die Benediktinerabtei Prüfening (im älteren Sprachgebrauch »Prifling«) wurde 1109 von dem Bamberger Bischof Otto I. im Sinne der Hirsauer Reform gegründet. Die Fertigstellung der romanischen Klosterkirche St. Georg mit ihren monumentalen Wandmalereien erfolgte sechzehn Jahre darauf. Großzügig mit Ländereien, aber auch einer rasch wachsenden Bibliothek ausgestattet, rührte Prüfenings Rang unter den bayerischen Klöstern nicht zuletzt von seiner strategisch günstigen Lage vor den Toren der Reichsstadt Regensburg her. 1685 wurde ein erster finanziell motivierter Säkularisationsversuch vonseiten des Münchener Kurfürsten Max Emanuel abgewendet, kurz bevor das Kloster in sein »glanzvollstes Jahrhundert« eintrat, das auch seine »Blütezeit als Stätte anspruchsvoller Kunstpflege« darstellte. Den kulturellen Höhepunkt erlebte es unter seinem letzten Abt.[10]

Kornmann wurde im Jahr nach dem Ausbruch der Französischen Revolution in sein Amt gewählt. Zuvor hatte er an der Benediktineruniversität Salzburg umfassende geistes- und naturwissenschaftliche Studien getrieben und dann, zurück in Prüfening, fünf Jahre als »Professor domesticus« für Philosophie und Mathematik gewirkt, aber auch eifrig die Bibliothek, die Gemälde- und Kupferstichsammlungen, die Münz- und Naturalienkabinette vermehrt, eine neue Sternwarte gebaut und sich sogar als Autor von Stücken für das Theater des Klosters verdient gemacht. Seit 1793 ordentliches Mitglied der Bayerischen Akademie der Wissenschaften, war er ein

»aufgeklärter Mönch«,[11] der auch Kant studierte, sich dabei, kaum überraschend, »aber höchstens nur zum Semikantianer bereden« konnte.[12]

Neben der Verantwortung für sein Kloster übernahm Kornmann bald auch Aufgaben, die den Prälatenstand als Ganzes betrafen. 1796 wurde er einstimmig als Vertreter des Rentamts Straubings, eines der fünf Verwaltungsbezirke des Kurfürstentums, in die bayerische Ständeversammlung (»Landschaft«) gewählt. Drei Jahre darauf hatte er seine erste große politische Bewährungsprobe in Form des 15-Millionen-Projekts erfolgreich hinter sich gebracht. Doch dem, was nun folgte, konnten auch die verfassungsrechtlich argumentierenden Eingaben des angesehenen Abts von Prüfening keinen Einhalt mehr gebieten.[13]

Anders als erhofft, nahm ja der Druck auf die Klöster unter dem neuen Kurfürsten Max IV. Joseph, seit März 1799 Nachfolger seines Vetters Karl Theodor, trotz einer beim Regierungsantritt gewährten Bestands- und Besitzgarantie noch zu.[14] Dafür sorgte vor allem sein epochemachender Minister Maximilian von Montgelas,[15] der, durchdrungen von dem Anliegen, Bayern in einen modernen Zentralstaat zu verwandeln, von vornherein mit eiserner Konsequenz auf die Säkularisation hinwirkte. Getrieben waren Montgelas und seine Reformbeamten dabei nicht nur von dem drohenden Staatsbankrott, sondern auch von einer »weltanschaulichen Feindschaft gegen die Klöster«.[16] »Der Daseinszweck des Mönchstands erschöpfte sich, so die weit verbreitete Meinung, ohne nachweisbaren Nutzen im ›Korsingen und Kontemplieren‹. Kontemplation aber war den Planern der Säkularisation fremd.«[17]

Auf eine diplomatische Intervention Bayerns ging er zurück, der entscheidende § 35 des Reichsdeputationshauptschlusses, der den säkularen Fürsten den gesamten Besitz der säkularisierten Klöster zur freien Verfügung überließ. *Dass* im Heiligen Römischen Reich säkularisiert werden würde, um die linksrheinischen Gebietsverluste weltlicher Herren zu kompensieren, stand seit dem Frieden von Lunéville 1801 fest. Über Ausmaß und Umsetzung war damit aber noch nicht entschieden. Bayern ging hier mit einer einzigartigen Radikalität und Rücksichtslosigkeit voran.

Nach der Einrichtung einer Spezialkommission für Klostersachen im Januar 1802 begann die Liquidierung der wegen ihres vermeintlich volksschädlichen Einflusses in Montgelas' Umfeld besonders missbilligten Bettelordensklöster. Mancherorts geschah dies, um Unruhe in der Bevölkerung zu vermeiden, in dramatischen Nacht- und Nebelaktionen. »Heunt fruhe um 3 Uhr sind die hiesige Kapuziner nach Rosenheim, wie es heißt, deportiert worden«, berichtete der Benediktinerabt Klocker im März aus München.[18] Bis Ende des

Jahres waren 91 nichtständische Klöster aufgelöst, wobei die Ausländer unter den Mönchen aus Bayern vertrieben wurden. Gleich nach dem Regensburger Beschluss vom Februar 1803 kamen dann die Prälatenklöster an die Reihe, 60 an der Zahl, dazu noch acht Kollegiatsstifte.[19]

In Prüfening war bereits Anfang November 1802 der Generallandesdirektionsrat Philipp Graf von Arco vorstellig geworden, um die Inventarisierung und anschließende Versiegelung des Klostervermögens zu verfügen. Zugleich entzog er dem Abt die Geschäftsbefugnis. Am 21. März, die Mönche befanden sich gerade im Gottesdienst zum Fest ihres Ordensstifters, erschien schließlich der Kommissar von Limbrunn. »Es war eine erschütternde Scene«, erinnerten sich die Prüfeninger Benediktiner, die Kornmanns Lebensgeschichte verfassten, »als Abt Rupert an der Spitze seiner Mitbrüder vor dem churfürstlichen Kommissär stand, welcher ihnen das Urteil ihrer Aufhebung, also ihrer politischen Vernichtung, vorlas. Die Thränen und Seufzer so mancher, besonders der älteren Religiosen verriethen unzweydeutig den Eindruck, welchen diese Publikation auf sie machte; selbst der vorlesende Kommissär schien mächtig gerührt und ergriffen zu seyn.«[20]

Kornmann blieb nach eigenen Worten nichts übrig, als sich den »höchsten Anordnungen zu fügen«. Er bat um die Fürsorge für seine »alten, eisgrauen Priester«, die »Mitbrüder«, seine »Beamten« und die Dienerschaft, auch für die »Wittwen, die Waisen und Hausarmen, welche das Kloster bisher unterstützet hat«. Schon am 9. März hatte er der bayerischen Landschaft den Abtritt des Prälatenstandes verkündet, wobei er dessen »grenzenlose Betrübnis« in eindrückliche Worte fasste:

> Wir haben viele mühselige Zeiten erlebt, und stets ausgeharret in der tröstlichen Hoffnung, es werde doch einst ein Tag kommen, dessen erquikendes Licht uns für alle unsere Leiden schadlos halten würde. Aber dieser Tag ist nicht gekommen; im Gegenteile erblicken wir die herannahende, ewige Nacht, in welcher unsere Existenz begraben werden soll.[21]

Wie er dem Kurfürsten eine Woche nach dem Aufhebungsbescheid selbstbewusst übermittelte, hinterließ Kornmann eine »Abtei in dem beßten Stande, eine Abtei ohne Heller Schulden«.[22] Einige Monate durfte er noch in Prüfening wohnen und zusehen, wie der eilige Ausverkauf des gesamten Klosterguts vonstatten ging. Nachdem die Gebäude wie ein Großteil des Grundeigentums im Dezember 1803 von dem fürstlich Thurn und Taxischen Geheimen Rat Alexander Freiherr von Vrints-Berberich erworben wurden, verließ Kornmann für immer sein Kloster und ließ sich, nunmehr Staatspensionär, in dem benachbarten Dorf Kumpfmühl nieder. Hier widmete er sich nun der Arbeit an seinem Werk *Die Sibylle der Zeit aus der Vorzeit*.

Für den bayerischen Prälatenstand und das, wofür er stand, war 1803 jene »ewige Nacht« angebrochen, die Kornmann bei seiner Abdankung herannahen sah. Daran ließ sich nicht mehr rütteln. Nach den erfolglosen Eingaben im Vorfeld der Säkularisation schien Widerstand weder sinnvoll noch praktikabel. Die Reaktion der Mönche auf den Klostersturm wird im Allgemeinen, von den Historikern ebenso wie von den Betroffenen, mit dem Begriff der *Resignation* beschrieben.[23] Im katholischen Sprachhaushalt um 1800 mochte darin noch der alte kirchenrechtliche Terminus für den freiwilligen Amtsverzicht nachklingen, doch überwog bereits die neuere Bedeutung des Sich-Fügens ins Unausweichliche.

Auch Rupert Kornmann bot die Säkularisation seines Klosters »Gelegenheit genug«, seine »christliche Geduld und Resignation« zu üben, wie die Charakterskizze der Prüfeninger Mitbrüder mitteilt. Bei all den ihm widerfahrenen »Kränkungen und Prüfungen«, bei »geistigen Leiden« wie »körperlichen Schmerzen« habe der Abt stets »so viel Gelassenheit, Geduld und Resignation« bewiesen und »in allen Schicksalen des Lebens nur die göttliche Fügung« erblickt, so dass »ihm kein Ereigniß unerwartet, kein Ding zur Unzeit« kam.[24]

Mit mutloser Passivität oder dem Gefühl von Aussichtslosigkeit hat diese Art von Resignation also wenig zu tun. Mehr verbindet sie mit dem historischen Bedeutungsstreifen des Begriffs, den der Augustiner-Chorherr Thomas von Kempen im 14. Jahrhundert gelegt hatte. Resignation bedeutete hier fromme Hingabe, »die vollendete Gestalt der Demut«, die, »alles Irdische besiegend, hilft, ›Herr über die Welt und Erbe des Himmels‹ zu werden«.[25] So lautet auch einer der Aphorismen, die Kornmann später in den *Nachträgen* zu seinen *Sibyllen* versammelte: »Die wahre Resignation ist eine Tochter heroischer Entschlossenheit, auf das Wort des Höchsten gestützt.«[26]

Die hohe Kunst der Resignation stellte Kornmann nicht zuletzt als der glänzende Aphoristiker unter Beweis, als der er sich in jenen *Nachträgen*, aber auch schon in *Die Sibylle der Zeit aus der Vorzeit* präsentiert. Neben seinem schriftstellerischen Werk nahm er in den 17 Jahren, die er nach seinem Auszug aus Prüfening noch in Kumpfmühl verlebte, weiter regen Anteil an den Zeitläuften. Als Gesprächs- und Korrespondenzpartner in klerikalen wie adeligen Kreisen geschätzt, wurde er auch wiederholt für neue kirchliche Ämter ins Auge gefasst. Aus seinem letzten Lebensjahr datieren zwei Publikationen, mit denen er direkt zu kirchenpolitischen Fragen Stellung bezog.

Bei Kornmanns Interventionen handelt es sich zum einen um ein vom Regensburger Ordinariat eingeholtes Gutachten zum Priestermangel,[27] zum anderen um »Bemerkungen über die projektirte Wiederherstellung einiger Klöster in Bayern«, die im Kontext der Vorbereitungen zu dem 1817 geschlossenen Konkordat zwischen dem Königreich Bayern und dem Heiligen Stuhl entstanden. In diesem Text gab sich der säkularisierte Abt wenig kompromissbereit. Er wollte eine solche »Wiederherstellung« nur dann empfehlen, wenn die Klöster in all ihren religiösen, erzieherischen, wissenschaftlichen, künstlerischen, sozialen, wirtschaftlichen Funktionen wieder aufleben würden, als »Beyspiele ökonomischer Versuche« ebenso wie als »heilige Hallen« für den »Welt- und Lebensmüden oder für den Freund stiller Betrachtung ewiger Wahrheiten«. Dies sei aber wiederum nur durch den »Besitz reeller Güter und Einnahmen mit freyer Hand« sowie gänzlich »freye Verwaltung« zu bewerkstelligen, frei von den »Qualen, Chikanen und Einflüssen einer administrativen Vormundschaft«. Ansonsten gelte: »Lieber nichts, als halb und schwach gethan«.[28]

War der späte Kornmann damit ein Vertreter der »kirchlichen Restauration«?[29] Tatsächlich hat er nicht nur zu einer »Wiederherstellung« von

Klöstern Stellung bezogen, sondern auch mit Fürsprechern einer katholischen Erneuerung in Bayern verkehrt. Dennoch ist diese historische Einordnung mit Vorsicht zu behandeln, da sie Kornmann in einen politischen Geschehenszusammenhang rückt, dessen Zeitgenosse er nur in den letzten beiden Jahren seines Lebens gewesen ist. Der erst nach seinem Tod geprägte moderne Grundbegriff *Restauration* bezeichnet üblicherweise die Epoche zwischen 1815 und 1830 bzw. das Metternich'sche System,[30] ein repressives »Obrigkeits- und Beamtenregiment«[31], jene Art von »Polizey« also, die sich schon bei der Aufhebung der bayerischen Klöster unerbittlich gezeigt und den Abt noch sieben Jahre darauf dazu veranlasst hatte, die erste Auflage seines Hauptwerks anonym zu veröffentlichen. Als er es 1809 zum Abschluss brachte, wies er zudem eigens darauf hin, »dieses Werkchen in der Hauptsache schon vor vielen Jahren zusammengetragen« zu haben.[32]

Wenn wir *Die Sibylle der Zeit aus der Vorzeit* eher als ein Werk aus dem Geist der Resignation denn als ein Werk aus dem Geist der Restauration betrachten, soll damit jedoch nicht sein durchaus politischer Charakter ausgeblendet werden. Kornmann wollte es als eine »Art politischer Meteorologie«[33] verstanden wissen; dass es ihm hier um *politische Grundsätze* ging, zeigt schon der Untertitel an. Der Hauptteil des Werks besteht aus zwölf

Prämissen (»Allgemeine Sätze«), die jeweils eine größere Anzahl von Maximen nach sich ziehen und dann durch Beispiele aus der Geschichte belegt werden.[34] In mancher Hinsicht handelt es sich bei Kornmanns *Sibylle* um einen klassischen Fürstenspiegel. Die Teile des Werks, die gemäß dieser Textgattung Weisheiten und Verhaltensregeln für herrschaftliches Handeln aufbieten, sind auch die, in denen Kornmann Anspielungen auf die Situation in Bayern platziert. Hier regierte der einstige Kurfürst seit 1806 als König, wobei weiterhin der Graf Montgelas den politischen Kurs bestimmte. »Heil dem König, der in der Wahl seiner Freunde und Staatsdiener glücklich ist!«, lautet dazu passend der neunte unter den »Allgemeinen Sätzen« der *Sibylle*. Unter den mehr als hundert darauffolgenden Maximen finden sich die, dass es »nicht allemal ein guter Zustand« sei, »wenn der Regent nur der Repräsentant des Geistes seines Ministeriums wird«, und die, dass man »beynahe daran gewöhnt« werde, »mehr auf den dirigierenden Minister, als auf den Souverain zu sehen«.[35]

Zu direkteren Bezugnahmen auf die Landespolitik ließ Kornmann sich nicht hinreißen.[36] Die Säkularisation deutete er, lässt man allgemeinere Diagnosen eines religiösen Niedergangs beiseite, mit keinem Wort an.[37] Eine signifikante Abweichung vom Duktus seines Werks stellen die Ausführungen zur Aufklärung dar, wo sich der anonyme Autor selbst, plötzlich und kurz, bekenntnishaft ins Spiel bringt.[38] Als Abt eines säkularisierten Klosters gibt er sich aber auch hier nicht zu erkennen.

Erst in der zweiten Auflage von 1814 konnte Kornmann »ohne Scheu auftreten, und sich öffentlich als Verfasser zu dieser Schrift bekennen«, wie der begeisterte Rezensent der Jenaer *Allgemeinen Literatur-Zeitung* bemerkte. Vier Jahre zuvor sei es noch »höchst gefährlich« gewesen, »Wahrheiten, welche dieses Werk enthält, öffentlich zu sagen«. Dabei betonte der ungenannte Autor der Besprechung, Kornmanns *Sibylle* sei für »jeden denkenden Mann« von hohem Interesse, »da sie die neuesten außerordentlichen Zeitereignisse so nahe berührt, und ein großer Theil der darin enthaltenen Weissagungen bereits vor unsern Augen, – ein Theil derselben erst seit wenigen Monaten, wirklich in Erfüllung gieng«.[39] Dies war geschrieben im Juli 1814. Im April hatten die Truppen der antinapoleonischen Allianz, zu der seit Neuestem auch Bayern gehörte, den französischen Kaiser in Paris zur Abdankung gezwungen. Von ewiger Dauer war auch Napoleons Reich nicht gewesen. Und weiter ging alles Schlag auf Schlag.

Bereits die erste Auflage der *Sibylle der Zeit aus der Vorzeit* von 1810, da schien Napoleon noch fest im Sattel der Weltgeschichte zu sitzen, soll »in Süddeutschland mit allgemeinem Beyfalle« aufgenommen worden sein.[40] Wenngleich der Befund, sie sei »nachgerade zum Modebuch der Epoche« geworden,[41] übertrieben scheint, spricht die Tatsache für sich, dass zwei weitere Auflagen (zuletzt 1825) gedruckt wurden und dazu noch eine Ausgabe für »minder Begüterte«.

Reich begütert war der bayerische Kronprinz, ein eingeschworener Gegner des Ministers Montgelas und zur Abwechslung dem Mönchtum zugewandter Wittelsbacher. Im September 1816 schrieb er aus der ehemals fürstbischöflichen Würzburger Residenz an Kornmann, ein Schriftsteller, der die Aufgabe auf »so würdige Weise« gelöst habe, »eine Zeit, die sich selbst nicht mehr versteht und über dem Hohen das Höchste zu vergessen scheint, wieder zur Selbsterkenntnis zurückzubringen, sie auf das Eine, was not ist, aufmerksam zu machen, an die ewigen Grundwahrheiten der Religion und Geschichte nachdrücklich zu erinnern«, der habe sich »unvergängliche Ansprüche auf den Dank und die Achtung der Besseren seiner Zeitgenossen erworben«.[42]

Nach seiner Thronbesteigung im Jahr 1825 ließ Ludwig I. nach und nach wieder eine größere Zahl von Klöstern in Bayern entstehen. Jedoch konnte auch diese »Klösterrestauration«[43] die Säkularisation nicht ungeschehen machen; sie war »keine Rückkehr zu den alten Verhältnissen, nur eine partielle, allmählich erfolgende Wiedergutmachung«.[44] Für Rupert Kornmann kam indes selbst dies zu spät. Er starb im September 1817 an einem nächtlichen Schlaganfall, nachdem er am Tag davor noch die »Vorerinnerung« zu seinen *Nachträgen zu den beyden Sibyllen der Zeit und der Religion* verfasst hatte – selbst überrascht davon, »daß manche Maxime sich sobald bewähren, und manches Ereigniß aus der Vorzeit sich sobald wiederholen würde«.[45]

Wiederholung und Beschleunigung

Als Reinhart Koselleck 150 Jahre nach Erscheinen von Kornmanns *Sibylle der Zeit aus der Vorzeit* sein Päckchen für Carl Schmitt schnürte, war er über den historischen Hintergrund des Werks ebenso im Bilde wie über das Geschick des Verfassers. An den zahlreichen Anstreichungen in seinem eigenen Exemplar der Auswahl von Hugo Lang lässt sich erkennen, dass er nicht nur die hier versammelten Texte Kornmanns von Anfang bis Ende aufmerksam gelesen hatte, sondern auch die ausführliche Einleitung des Herausgebers.[1]

Der katholische Kontext, der Koselleck selbst als Protestant eher fern lag, mag seine Erwartung erhöht haben, bei Schmitt Interesse zu wecken, war aber nicht der eigentliche Grund für sein Weihnachtsgeschenk. Zog er Kornmann etwa als Kandidaten für eine mögliche Aufnahme in die Ahnengalerie jener »Besiegten« in Betracht, die der 1945 wegen seiner Parteinahme für den Nationalsozialismus entlassene Staatsrechtler Schmitt, immer auch mit Blick auf sich selbst, für die besseren, den Siegern überlegenen Historiker betrachtet wissen wollte? Dieser erlauchten Gesellschaft präsidierte Alexis de Tocqueville, aber auch »das Alte Testament, Thukydides, Polybius, Tacitus, Otto von Freysing« gehörten dazu.[2]

Indessen scheint Schmitt auf Kornmann nicht angesprungen zu sein. Zumindest ist keine Reaktion von ihm überliefert,[3] und im nachgelassenen Kernbestand seiner Bibliothek ist das Buch nicht enthalten.[4] So muss offenbleiben, ob er überhaupt jemals in ihm gelesen hat. In späteren Jahren bekannte sich Schmitt zu einer geistigen Verwandtschaft mit dem spätantiken Bischof und reichstheologischen Geschichtsschreiber Eusebius von Caesarea, jenem für Jacob Burckhardt »widerlichsten aller Lobredner«,[5] als »Prototyp Politischer Theologie« (wogegen Koselleck entschieden auf Augustinus setzte).[6] Den zwangspensionierten Abt eines säkularisierten bayerischen Klosters hingegen wollte er sich offenbar nicht assimilieren. Eine Affinität zum Mönchtum wird man Schmitt, wie immer man seine Katholizität beurteilen will,[7] auch nicht attestieren können. Sein katholisches Paradigma blieb stets weltklerikal beziehungsweise, in der Terminologie des kanonischen Rechts, *säkular*. Vielleicht hat es eine tiefere Berechtigung, dass die zwischenzeitlich loser gewordenen Bande zwischen Koselleck und Schmitt durch Kornmann nicht wieder fester wurden – obwohl durchaus Anknüpfungspunkte dafür bestanden.

Abgesehen davon, dass Koselleck bei seiner Kornmann-Lektüre an einigen spezifischen Stellen an Schmitt gedacht hatte,[8] wusste er sich ihm ganz grundsätzlich in der Frontstellung gegen die moderne Geschichtsphilosophie verbunden. Diese hatte Schmitt in seinem 1950 erschienenen Band über den spanischen Diplomaten und Staatsphilosophen Juan Donoso Cortés ins Visier genommen, einer der ersten seiner Schriften, die Koselleck als Student las. Schmitt würdigte hier, wie Donoso Cortés die »geschichtsphilosophische Konstruktion« des »Liberalismus seiner Jugendzeit« überwunden und dadurch seinem »christlichen Geschichtsbild« eine »unerwartete Spannkraft« verliehen habe, wobei er, eigentlich kein »Sibylliniker«, insofern doch an »die Sibylle« erinnere, als »der Wert seiner Voraussagungen trotz wiederholter Ablehnungen unerwartet immer weiter gewachsen« sei.[9] Ein Jahrzehnt später, in seinem Begleitbrief an Schmitt vom Februar 1961, hob nun Koselleck lobend hervor, Kornmann sei, indem er wohl als erster die Ideologen »von der Geschichte her entlarvt« habe, »größer als alle Vertreter der Restauration, die Geschichtsphilosophen blieben«.[10]

Geschichtsphilosophie meint hier die »systematische Ausdeutung der Weltgeschichte am Leitfaden eines Prinzips, durch welches historische Geschehnisse und Folgen in Zusammenhang gebracht und auf einen letzten Sinn bezogen werden«.[11] So die klassische Definition, die Kosellecks Heidelberger Lehrer Karl Löwith in seinem noch im amerikanischen Exil verfassten Werk *Meaning in History* (1949) formuliert hatte. Nach eigener Auskunft besorgte Koselleck ein Drittel der 1953 unter dem Titel *Weltgeschichte und Heilsgeschehen* erschienenen deutschen Übersetzung, als deren alleiniger Urheber sein Studienfreund Hanno Kesting firmiert.[12] Löwith ging es seinerzeit darum zu zeigen, »daß die moderne Geschichtsphilosophie dem biblischen Glauben an eine Erfüllung entspringt und daß sie mit der Säkularisierung ihres eschatologischen Vorbildes endet«.[13]

Gegen diese Geschichtsphilosophie schrieb Koselleck in seiner Doktorarbeit *Kritik und Krise* (1953/59) an, wobei Schmitt bei dem »Geistes-Kind« gleichsam als Hebamme fungierte (und Löwith als nicht unkritischer Zweitgutachter).[14] Und gegen die Kritik an der Geschichtsphilosophie zog wiederum der junge Jürgen Habermas zu Felde, als er Kosellecks aufklärungskritisches Erstlingswerk im Mai 1960 im *Merkur* als Zeugnis einer »halb verstohlenen, halb verhohlenen politischen Anthropologie« Schmitt'scher Prägung kritisierte.[15]

Schwang dieser für Koselleck so ungünstige publizistische Vorfall noch im Hintergrund mit, als er Schmitt den Kornmann empfahl?[16] Anders gefragt: Soll man Habermas den geschichtsphilosophisch durchtränkten »Ideologen« beigesellen, die »Kornmanns Wahrheit« verschatteten? Dafür würde sprechen, dass Koselleck sich bei seiner Würdigung auf die Auswahl von Hugo Lang bezog, die als »bedeutendes Buch der 1945'er Konjunktur« bezeichnenderweise nicht die ihr zustehende Resonanz erfahren habe.[17] Das zielte auf den Diskurs der Nachkriegsgegenwart. Wenn Koselleck Kornmann gleich darauf die »Vertreter der Restauration« gegenüberstellte, hatte er jedoch den Vormärz im Blick, nicht die oft als »restaurativ« bezeichnete Adenauerzeit.

Auch wenn er bei seinem Weihnachtsgeschenk für Schmitt an Habermas gedacht haben sollte, hatte Kosellecks Kornmann-Lektüre weder mit dem einen noch mit dem anderen viel zu tun. Sein Weg zu Kornmann führte über ein historisches Themenfeld, das er sich unabhängig von Schmitt zu erschließen begann, jedoch zunächst nur nebenbei beackern konnte. Im Februar 1961 arbeitete er bereits seit drei Jahren unter Hochdruck an seiner Habilitation zur Strukturgeschichte Preußens im Vormärz.[18] Das Thema war ihm von dem Sozialhistoriker Werner Conze nahegelegt worden, der 1957 den Heidelberger Lehrstuhl von Kosellecks Doktorvater Johannes Kühn übernommen hatte und dafür Sorge trug, seinen neuen Assistenten zu einem zünftigen Geschichtswissenschaftler zu machen. Für Koselleck brach damit eine Umbruchsphase an, die man mit seiner berühmtesten Metapher als seine akademische »Sattelzeit« bezeichnen könnte. Neben der Kärrnerarbeit am Preußen-Buch schob sich immer mehr die Begriffsgeschichte in den Vordergrund, der Kontext, dem auch die Sattelzeit-Metapher für die Übergangszeit zwischen 1750 und 1850 entsprang.[19]

Ein Autor dieser Sattelzeit war auch Rupert Kornmann. Als »biederer Baier«[20] und säkularisierter Abt bewegte er sich jedoch gleich in mehrfacher Hinsicht abseits der Pfade, die Koselleck mit seinem Habilitationsprojekt beschritt. Die Protagonisten waren hier protestantische preußische Beamte, deren mit der alten Ständeordnung ringendem Reformwerk Koselleck bei aller Ambivalenz doch mit einiger Sympathie begegnete; im selben Brief vom Februar 1961, in dem er Schmitt Kornmanns Wahrheit anempfahl, würdigte er »die gewaltigen Leistungen« der preußischen Verwaltung, die »in einem halben Jahrhundert auf legale Weise (und in tausenden von Prozessen!) die Ständegesellschaft in eine liberale Wirtschaftsgesellschaft verwandelt« habe.[21] Die Säkularisation von 1803, die ja auch in Preußen vollstreckt wurde, blieb bei all dem ausgeblendet, obwohl sie in den schließlich bis 1791 zurückreichenden Untersuchungszeitraum seiner Arbeit fiel.

Was Koselleck zu Kornmann führte, war sein Interesse am Wandel des Zeit- und Geschichtsbewusstseins in der Sattelzeit. In *Kritik und Krise* war er bei der Kritik der Geschichtsphilosophie stehen geblieben, die er als kritische Triebkraft der Krise kritisierte, als »Hypokrisie der Hypokrisie, zu der die Kritik entartet war«.[22] Um dem spezifisch neuzeitlichen Geschichtsmodus beizukommen, konfrontierte er ihn nun mit jenem traditionellen, durch den Siegeszug der modernen Geschichtsphilosophie ins Hintertreffen geratenen Anspruch der vormodernen Historie, wie er in der von Cicero geprägten Formel »historia magistra vitae« zum Ausdruck kam, der Vorstellung von der Geschichte als Lehrmeisterin des Lebens.[23]

Direkt betroffen von der modernen Auflösung dieser Vorstellung war die Frage der Prognose, des auf der Grundlage von Vergangenem und Gegenwärtigem entworfenen Vor-Wissens um zukünftige Entwicklungen. Noch im Juli 1957 hatte Koselleck die »politische Prognostik seit der Französischen Revolution« als Thema für seine Habilitation vorgesehen, bevor er von Werner Conze auf die preußischen Reformer angesetzt wurde.[24] Die Frage nach dem prognostischen Potential und damit der Lehrhaftigkeit der Geschichte stand nicht nur am Anfang seiner in den 1960er Jahren erarbeiteten Studien zum historischen Verhältnis von Vergangenheit und Zukunft, die er 1979 in dem Band *Vergangene Zukunft* vereinte;[25] als wesentliche Triebkraft seiner Geschichtstheorie zieht sie sich wie ein roter Faden durch sein gesamtes Werk.[26]

Der »*Prognostiker* Kornmann« war es auch, den Koselleck Schmitt im Dezember 1960 als sein verspätetes Weihnachtsgeschenk ankündigte.[27] Wann und wie er selbst auf den Band gestoßen war, ließ sich nicht ermitteln. Möglicherweise folgte er einer Empfehlung von Johannes Kühn,[28] der Koselleck einst auch, schon vor seiner Begegnung mit Schmitt und Löwith, an den Problemkomplex der Geschichtsphilosophie herangeführt hatte.[29] In jedem Fall ist davon auszugehen, dass der Lektüreeindruck zu jener Zeit noch frisch war. Bei der Übergabe seiner Bibliothek ans Deutsche Literaturarchiv fanden sich in seinem Exemplar drei Zettel mit Notizen zu Kornmann; auf dem ersten ist links oben das Kürzel »K 60« notiert.[30]

Kornmann stehe, heißt es hier zu Beginn, »aufgrund der Rev[olutions-]Erfahrung genau an dem Wendepunkt, wo 1) die ›orakelhafte‹ Zukunftsgläubigkeit bereits vergangen ist 2) wo die rein politische Zukunftsvoraussage [...] sich durchgesetzt hat 3) wo – zukünftig – die ›Geschichte‹ im Vorrang vor den anderen Disziplinen, wie Philosophie etc. – die Divinatorik bestimmen wird«. Gemäß dem »Grundtenor: Nichts Neues unter der Sonne« gehe es Kornmann dabei um »Zukunftsvoraussage durch nüchterne Parallelen in neuer Kombination: d. h. keine G[eschichts]phil[osophie] des Kreislaufs mit Wiederkehr«; Geschichte zerfalle bei ihm vielmehr in eine »Vielzahl variabler, aber nicht beliebig veränderbarer Möglichkeiten«. »Natur = Fortschritt [/] Politik = Unentschiedenheit«, hält Koselleck am Ende fest – eine »Absage an den moralischen Fortschritt«, so sein Schluss, den er noch mit einem Ausrufezeichen versieht.[31]

So bruchstückhaft diese Notizen auch sind, lassen sich in ihnen doch bereits zentrale Momente von Kosellecks Geschichtsdenken identifizieren. Zum einen betrifft dies die Zurückweisung des Glaubens an den zivilisatorischen Fortschritt, wie er von der aufklärerischen Geschichtsphilosophie befördert wurde. Dabei nimmt Koselleck Kornmann ausdrücklich auch von der restaurativen Geschichtsphilosophie aus, insofern er keine historische Kreislauflehre vertreten habe. Signifikanter noch, da erst später formulierte Positionen vorwegnehmend, ist zum anderen die Kornmann zugeschriebene Pluralisierung von Geschichte zu einer Vielzahl von Möglichkeiten, die bei all ihrer Vielfalt doch durch eine Reihe von Bedingungen vorstrukturiert sind. Hiermit ist der Kern von Kosellecks Historik als »Lehre von den Bedingungen möglicher Geschichten« berührt, die seit den 1970er Jahren in mehreren Anläufen Gestalt annahm.[32]

Dass erst in der zweiten Hälfte des 18. Jahrhunderts der Kollektivsingular »Geschichte« geläufig wurde und die vormalige Pluralität der Geschichten verdrängte, ist wiederum einer von

Kosellecks bedeutsamen begriffsgeschichtlichen Befunden der 1960er Jahre.[33] »Koselleck ist ein moderner Partisan jener ›vielen Geschichten im Plural‹, von denen man früher zu erzählen wußte«, hat Jacob Taubes einmal konstatiert.[34] Koselleck selbst ließ dies, später darauf angesprochen, nur unter dem Vorbehalt gelten, »dass diese Pluralität seit dem 20. Jahrhundert gleichwohl auf eine gemeinsame Geschichte schlechthin« verweise, deren »geschichtsphilosophisch überzogene Begrifflichkeit« er »allerdings unterlaufen« wolle.[35]

Auch Kornmann verwendet um 1800 wie selbstverständlich den Kollektivsingular, wenn auch insofern nicht geschichtsphilosophisch überzogen, als die Geschichte bei ihm nicht als allmächtiges, allgerechtes oder heiliges Subjekt ihrer selbst erscheint – und dies schon gar nicht in säkularisierter Form. Dabei entging Koselleck nicht, dass Kornmann durchaus eine Art von Geschichtsphilosophie vertritt. Diese sei, heißt es in den erwähnten Notizen, »Gottes Providenz: gegen alle Erwartung handelt Gott zum Guten der Menschheit. Aus Übel wird Gutes: d. h. die *Dialektik* der Geschichte: das *Novum der Unbegreiflichkeit ist für K. Gottes Plan.*«[36] Wie nahe Koselleck Kornmann hier kommt, lässt sich an der Nähe des Wortlautes dieser Notiz zu dem eines Satzes aus der *Sibylle* erkennen, der ihm seinerzeit noch gar nicht bekannt war, da Hugo Lang ihn nicht in seine Auswahl aufgenommen hatte: »Indem die Fürsehung selbst das Uebel zur Quelle des Guten macht; so zeigt sie sich oft unerwartet, um ihre Plane [sic] zu vollenden.«[37]

Den geschichts*theologischen* Urgrund wird man Kornmann angesichts seines wiederholten Rekurrierens auf die Vorsehung in keinem Fall absprechen können. Koselleck fand dies bei einem Geistlichen aber wohl verzeihlich, zumal er bei Kornmann keinerlei Anzeichen jener innerweltlichen Eschatologie entdecken konnte, wie sie Löwiths Säkularisierungsthese zufolge dem modernen Geschichtsdenken zugrunde liegt. Um eine »rückwärtsgewandte Prophetie«, die die Vergangenheit als eine »sinnvolle ›Vorbereitung‹ der Zukunft« darstellt,[38] war es Kornmann gerade nicht zu tun.

Mit seiner Titelfigur stellte sich Kornmann in eine christlich anverwandelte, ihrem Ursprung nach aber vorderasiatisch-griechische Weissagungstradition. Der von Heraklit erwähnten Sibylle von Erythrai gesellten sich in der abendländischen Überlieferung bis zum 14. Jahrhundert noch elf bis zwölf weitere Sibyllen hinzu. Der »Triumphzug der Sibyllen in der Renaissance-Malerei«, gipfelnd in Michelangelos Deckenfresko in der Sixtinischen Kapelle, hatte nicht zuletzt damit zu tun, dass sie dem Geist des Humanismus gemäß Antike und Christentum miteinander verbanden.[39] Während man im Altertum unter ihnen noch »gottbegeisterte Frauen« verstand, »die in einem Zustand der Ekstase Ahnung kommender, meist unerfreulicher und schreckhafter Ereignisse aus eigenem inneren Antrieb verkündeten«, firmierten sie in der frühneuzeitlichen christlichen Bilderwelt als »vorschauende Mahnerinnen bei der sittlichen Zurechtweisung der Völker und als Ahnerinnen und Verkünderinnen göttlicher Heilstaten«.[40] Kornmanns Diktum »Wir brauchen auf der Stufe der Aufklärung, worauf wir stehen, keinen Flug der Vögel, keine Auspizien, keine Auguren, keine Pythonen und Sibyllen« legt nahe, dass er nicht Anschluss an eine der Damen suchte, sondern seinen Titel allegorisch verstanden wissen wollte.[41]

Insgesamt fällt auf, wie wenig Kornmann in der Sammlung von Weisheiten, als die sein Werk über weite Strecken erscheint, auf eigentlich religiöse Literatur zurückgreift. Während große Kirchenväter wie Augustinus ebenso fehlen wie spätere Kirchenlehrer, werden zwar hin und wieder geistliche Autoren zitiert, etwa Boethius, Alain de Lille, François Fénelon, Baltasar Gracián, Bossuet oder Condillac, an einer Stelle auch des Kronprinzen Ludwigs Erzieher Johann Michael Sailer. Doch bei der überwältigenden Mehrheit von Kornmanns Gewährsleuten handelt es sich um weltliche, nicht zuletzt heidnisch-antike Philosophen,

Historiker und Schriftsteller, bis hin zu neueren Dichtern und Denkern wie Herder, Schiller und Lichtenberg. In seinen ausgewiesenen Quellen gibt sich der Text kaum als besonders christlich zu erkennen.[42]

Gerade im Hinblick auf den reichen antiken Zitatenschatz des bayerischen Benediktiners überrascht auch die fast vollständige Aussparung der Bibel. Abgesehen von einer dem nichtexistierenden dritten *Buch der Könige* zugewiesenen Passage, die als Quelle für die Darstellung des vereinigten Königreichs Israel dient,[43] beruft sich Kornmann in den drei Bänden seiner *Sibylle* nur auf einen einzigen, wiederum alttestamentlichen Bibeltext. Es ist das Buch *Kohelet* (*Ecclesiastes*, *Prediger*), jenes wohl Ende des 3. Jh. v. Chr., also bereits zur Zeit des Hellenismus, entstandene Zeugnis altorientalisch-hebräischer Weisheit, das im christlichen Kanon oft als ein »unheimlicher Gast« empfunden worden ist – »unheimlich« deshalb, weil hier jedem Versuch Einhalt geboten wird, den Sinn des menschlichen Daseins »aus einer erkennbaren werthaften Ordnung der Welt zu gewinnen, deren Garant Gott ist«.[44]

Ein göttliches Heilsversprechen, wie es die hebräische Bibel in der israelitischen Volksgeschichte und im Messianismus der Propheten bereithält, verweigert Kohelet ganz und gar. Die angemahnte Gottesfurcht wird nicht durch Gottes Handeln in der Welt begründet – dieses bleibt ergründlich. Kohelet betont die Nichtigkeit alles Irdischen und die Endlichkeit des Daseins, ruft aber dennoch oder gerade deswegen zu Lebensfreude und Gelassenheit auf. Wie kein anderes biblisches Buch vermittelt der Text eine existentialistische Grundstimmung.[45]

Kornmann zitiert Kohelet in seinem Werk dreimal, wobei eine der Stellen (Koh 8,7), das erste von drei der »Abhandlung über die politische Divination« vorangestellten Motti, allerdings sinnentstellend, wiedergegeben wird: Wo es bei Kohelet heißt, der Mensch »weiß nicht, was geschehen wird. Wie es geschehen wird, wer verkündet es ihm?«,[46] heißt es bei Kornmann: »Wer das Vergangene nicht weiß, der kann auch vom Künftigen keine Nachricht haben«.[47] Während hier der Wunsch des Prognostikers Vater der Zitation war, wird die zweite Stelle (Koh 1,9–10) dem ursprünglichen Sinn getreu dargeboten: »Was ist das, das war? eben das ists, was seyn wird. Was ist das, das geschah? eben das, was geschehen wird. Neues unter der Sonne ist nichts. Niemand kann sagen: Sieh, das ist neu, denn alles dieses ist schon in Jahrhunderten gewesen, die vor uns verflossen sind.«[48]

»Nichts Neues unter der Sonne« – dies ist, wie auch Koselleck notierte, der »Grundtenor« der *Sibylle der Zeit aus der Vorzeit*. Die Weisheit des Kohelet wird von Kornmann zur geschichtstheoretischen Prämisse erhoben. Mit seinem auf ihr gegründeten Begriff von Geschichte wirkt er dabei nicht nur »antiker« als die Philosophen der Aufklärung und die Historiker in ihrem Gefolge, sondern in mancher Hinsicht sogar weniger christlich als diese. Dies allerdings nur, wenn man die spätmittelalterliche Geschichtstheologie des kalabrischen Abts Joachim von Fiore zum christlichen Maßstab erhebt, der die spätantike Zwei-Welten-Lehre von Augustinus aufbrach, das christliche Heilsgeschehen mit seiner Drei-Weltalter-Lehre in die Profangeschichte herüberholte und so die neuzeitliche Geschichtsphilosophie präfigurierte. Kornmann blieb dagegen näher bei Augustinus, nur dass für ihn, weitaus mehr als für den Bischof von Hippo, die weltliche Geschichte von eigenem Interesse war. Und was diese anging, teilte er die von Löwith den griechischen Philosophen und Historikern zugeschriebene Überzeugung, dass »was immer sich künftig ereignen wird, nach dem gleichen *logos* ablaufen und von gleicher Art sein wird wie vergangenes und gegenwärtiges Geschehen«.[49] Eben das fand Koselleck an Kornmann reizvoll: »K. geht von Wiederholung aus. Das Gleiche der Geschichte ist ihm grundlegend: er steht noch *vor* der industriellen Entfaltung, die den *F.*[ortschritt] evident machte.«[50]

Den neben der Geschichte zweiten großen Kollektivsingular der Sattelzeit, den Fortschritt, sucht man bei Kornmann tatsächlich vergebens. Auch dort, wo er das Verb »fortschreiten« verwendet, ist nur von weiterem Fortgang oder aber von einzelnen Fortschritten die Rede, die kein übergeordnetes Ziel indizieren,[51] geschweige denn die erst nach seinem Tod zum Durchbruch kommende Industrialisierung, welche dem Fortschritt dereinst im Verbund mit Wissenschaft und Technik das »empirische Substrat« liefern würde. Jenes Fortschrittsbewusstsein, in dem sich »die Entdeckung der Geschichte als einmalig und immer neuzeitlich sich überholend vollzieht«,[52] lag Kornmann fern.

Im Zentrum von Kornmanns Geschichtslehre steht nicht die Überholung, sondern die Wiederholung. Erfahrungsraum und Erwartungshorizont, deren Auseinandertreten für Koselleck den Bewusstseinswandel der Moderne kennzeichnet,[53] waren bei ihm wie zu alten Zeiten miteinander verschmolzen – dies allerdings bereits, und das machte den Autor der *Sibylle der Zeit aus der Vorzeit* als Prognostiker umso interessanter, innerhalb eines genuin neuzeitlichen Erfahrungshorizonts. Bei all seinem Insistieren auf der Wiederholung hatte Kornmann nämlich doch etwas Neues an der von ihm erfahrenen Zeit ausgemacht. Und das war die Beschleunigung.

Die Vorstellung von der Geschichte als Wiederholung, die im 19. Jahrhundert noch als Gespenst umging – abgewehrt von der auf Ursprung und Fortschritt fixierten Historie[54] und beschworen durch »philosophische Systemzertrümmerer« wie Kierkegaard und Nietzsche –, hat sich im Lauf des 20. Jahrhunderts immer mehr verflüchtigt. »Wiederholungsdenker« wurden seltener.[55] Allgegenwärtig geblieben ist demgegenüber die Beschleunigung. Zurückführbar auf das im Zuge der Aufklärung dringlich gewordene Streben nach so etwas wie einem »Kompromiss zwischen Weltzeit und Lebenszeit«[56] und seither stetig angetrieben durch transport- und kommunikationstechnologische Innovationen des militärisch-industriellen Komplexes einer vom Wettbewerb durchherrschten Welt, prägt sie das Zeitregime der Moderne.[57]

»Nachdem der Tag und die irdische Zeit mittels Beschleunigung systematisch zersetzt wurden, spricht jetzt tatsächlich nichts mehr dagegen, die Ewigkeit zu negieren!«, schrieb Paul Virilio im Morgengrauen des digital-globalisierten Zeitalters.[58] Reinhart Koselleck sah durch die Beschleunigung der Kommunikationsmittel »den Globus zu einem Raumschiff zusammenschrumpfen«.[59] Für Hartmut Rosa besteht »das genuin Neue gegenwärtiger Globalisierung nicht im Auftreten der unter diesem Stichwort diskutierten Prozesse selbst, sondern in der *Geschwindigkeit*, mit der sie sich vollziehen«.[60] Rupert Kornmann fasste das Neue *seiner* Gegenwart 200 Jahre früher in ganz ähnliche Worte: »Groß und mannigfaltig sind sie, diese

Begebenheiten; ihr Außerordentliches aber liegt nur in der äußersten Geschwindigkeit, mit welcher sie sich ergeben oder herbeigeführt werden.«

Die Erfahrung einer allgemeinen Beschleunigung steht am Anfang der Kornmann'schen Geschichtslehre von 1810. Die *Sibylle der Zeit aus der Vorzeit* nimmt von dieser erst seit »ein paar Jahrzehnten« erfahrbaren, also ganz *neuen* Erfahrung ihren Ausgang, will sich von ihr aber nicht den Erwartungshorizont fortreißen lassen. Der Demonstration, dass der Satz von der Wiederholung unbedingt weiter zu gelten hat, ist Kornmanns Werk gewidmet. Während der Abt sich mit der Säkularisation abfinden muss, erweist sich der Geschichtsprognostiker als letzter Mohikaner der lehrhaften Historie. Kornmann konterkariert jene Verquickung von Beschleunigungserfahrung und Fortschrittsglauben, deren zeitgenössische Virulenz Koselleck anderthalb Jahrhunderte später diagnostizierte.[61]

Auch die 1960er Jahre waren eine Zeit, in der Fortschritt und Beschleunigung vielfach als zusammengehörig empfunden wurden. Diese Zeit, seine Zeit, hatte Koselleck als »politischer Autor«[62] immer mit im Blick, wenn er entlang der vergangenen Zukunft in der Sattelzeit seine Theorie der geschichtlichen Zeiten entwickelte. Der Geschichtsdenker, an dessen Modell er seine eigenen Anstrengungen erstmals zur Sprache brachte, war dabei nicht Rupert Kornmann, sondern Lorenz von Stein. Der zwei Jahre vor Kornmanns Tod im dänischen Herzogtum Schleswig geborene Jurist und Staatswissenschaftler lag nicht nur mehr auf Kosellecks preußischem Forschungsstreifen, sondern stellte sich ihm auch als der kongenialere Prognostiker dar. Niemand anderes als Carl Schmitt hatte Lorenz von Steins 1852 veröffentlichte Abhandlung *Zur preußischen Verfassungsfrage* zur Zeit des Zweiten Weltkriegs neu herausgeben und mit einem Nachwort versehen.[63]

Dieser Abhandlung widmete Koselleck 1965 seinen ersten Aufsatz zum Thema »geschichtliche Prognose«.[64] Stein sei zum Prognostiker geworden, »weil er die Bewegung der neuzeitlichen Geschichte und damit auch ihre Zukünftigkeit zum Thema seiner Diagnosen gemacht hatte«, heißt es hier. Was ihn »auszeichnete, war, daß er sich selbst zu diesem beweglichen, ständig sich verschiebenden Erfahrungsraum der Gegenwart in ein historisches Verhältnis zu setzen wußte«. Da er seine Forschung »unter das Gebot einer Prognose« gestellt habe, »die den wechselnden Tempi gerecht werden sollte«, gehörte Stein für Koselleck zu den »wenigen Forschern des vergangenen Jahrhunderts, die vor der Beschleunigung in der Geschichte nicht kapitulierten«.[65]

Liest man den Aufsatz über Lorenz von Stein im Band *Vergangene Zukunft*, kann der Eindruck entstehen, an dieser Stelle würde Kornmann zum ersten Mal in Kosellecks Werk erwähnt. Der Autor der *Sibylle der Zeit aus der Vorzeit* findet hier als einziges Beispiel jener von der Französischen Revolution »Betroffenen« Erwähnung, »die sich auf ihr Wissen von der Vergangenheit beriefen«, aber dennoch nicht umhinkamen, »die Unvergleichbarkeit der Revolution zu konstatieren«:

> Das Unvergleichbare lag – nach Rupert Kornmann – weniger in den neuen Sachverhalten beschlossen, als *in der äußersten Geschwindigkeit, mit welcher sie sich ergeben oder herbeigeführt werden … Unsere Zeitgeschichte ist eine Wiederholung der Taten und Ereignisse von einigen Jahrtausenden – in der allerkürzesten Zeitperiode.* Also selbst wer sich nicht überrascht glaubte, wurde von dem enormen Tempo überwältigt, das eine neue, eine andere Zeit zu eröffnen schien.[66]

Bei der Passage handelt es sich jedoch um eine spätere Hinzufügung für die Aufsatzsammlung von 1979 – und zugleich um die einzige signifikante Abänderung gegenüber der älteren Textfassung, wobei zugunsten des bayerischen Benediktiners zwei namhafte französische Aufklärer weichen mussten.[67] Die zitierte Passage ist damit die zweite Stelle, an der Kornmanns Name im

Werk des Historikers auftaucht.[68] Die erste findet sich im Aufsatz »Historia Magistra Vita«, den Koselleck 1967 für die Festschrift für Karl Löwith beisteuerte. Hier begegnet uns der »Abt Rupert Kornemann« (sic) als »Zeitgenosse Hegels« mit der folgenden Sentenz: »*Es ist das Schicksal der Staaten sowie einzelner Menschen, erst klug zu werden, wenn die Gelegenheit, es zu sein, verschwunden ist.*«[69]

Dass Koselleck seit Ende der 1970er Jahre wieder verstärkt auf Kornmann zurückgriff, nun auch das Original der *Sibylle der Zeit aus der Vorzeit* heranzog, hing mit seiner Arbeit am neuzeitlichen Revolutionsbegriff für den fünften Band des von 1972 an erscheinenden Lexikons *Geschichtliche Grundbegriffe* zusammen, mit der er ein für ihn altes Thema[70] noch einmal neu anging. Der »moderne Revolutionsbegriff«, heißt es in dem mehr als hundert Seiten langen Lexikonbeitrag von 1984, sei »ohne seine wechselseitige Beziehung zum gleichzeitig entstandenen Begriff ›Geschichte‹ gar nicht zu erfassen«. Während in der Frühen Neuzeit noch die »Lehre von der mutatio rerum«, insbesondere der »Kreislauf der Verfassungen« als »Erfahrungstopos« gegolten habe, sei mit der »Einmaligkeit der Revolution als einem neuzeitlichen Erfahrungssatz« zwangsläufig die Frage aufgetaucht, wie sich diese »zur bisherigen Geschichte verhalte«. Die erste, »revolutionäre«

Antwort habe darin bestanden, »mit der grundlegenden Umwälzung alle bisherigen Erfahrungen zu verabschieden« und die »Neue Zukunft beschleunigt herbeizuzwingen«; die zweite, dem »konservativen Lager« zuzurechnende darin, »in der Beschleunigung der Ereignisse, gemessen an der ganzen Vergangenheit, ein Konzentrat aller möglichen Geschichte zu erblicken«:

> *Unsere Zeitgeschichte ist eine Wiederholung der Taten und Ereignisse von einigen Jahrtausenden – in der allerkürzesten Zeitperiode*, stellte der Abt Rupert Kornmann fest. ›Revolution‹ wurde auf die Wiederholbarkeit der Geschichte schlechthin reduziert.[71]

In einem essayistischen Konzentrat des Grundbegriffsartikels für den *Merkur* von 1985 – Kosellecks erstem Beitrag für die Zeitschrift, in der Habermas ihn ein Vierteljahrhundert früher als Sprachrohr Carl Schmitts abgestempelt hatte – fungierte Kornmann abermals und mit demselben Zitat als primäres Beispiel für die »konservative Replik« auf den revolutionären Revolutionsbegriff.[72] In der überarbeiteten Fassung dieses Textes für die Aufsatzsammlung *Begriffsgeschichten*, deren Erscheinen im Herbst 2006 Koselleck nicht mehr erlebte, war aus dem »Abt Rupert Kornmann« der »rundum gebildete Abt Rupert Kornmann« geworden und zudem noch ergänzend hinzugefügt, dass diesem damals »gerade alle herrschaftlichen Rechte über seine Abtei Prüfening kraft der Säkularisierung entzogen« worden seien.[73] Offensichtlich drängte es Koselleck, der sein Exemplar von Hugo Langs Auswahl am heimischen Schreibtisch immer in seiner Nähe wusste,[74] Kornmann über seine bloße Quellenfunktion hinaus als Autor und Sattelzeitgenossen aufzuwerten.

Demselben Impuls, begleitet von einem neuerlich verstärkten Bewusstsein für den Vorgang der Säkularisation als »Auflösung aller deutschen kirchlichen Herrschaften«, mit der »die alte Reichsverfassung zu Grabe getragen wurde«, war Koselleck schon zur Jahrtausendwende gefolgt, als er in dem Band *Zeitschichten* seinen 1985 in Neapel auf Italienisch verlesenen Vortrag »Beschleunigung und Säkularisation« unter dem Titel »Zeitverkürzung und Beschleunigung. Eine Studie zur Säkularisation« veröffentlichte. Der Text beginnt mit einer apokalyptischen Vision der tiburtinischen Sibylle über die Zeitverkürzung als »Vorzeichen des Weltendes« und endet mit der sehr vorsichtig formulierten Prognose, die bisherige Beschleunigung habe womöglich »nur eine Übergangsphase« angezeigt, insofern man in Zukunft genötigt sein werde, »die Anstrengungen unserer Menschheit mehr auf Stabilisatoren und auf die naturhaften Vorgegebenheiten unseres irdischen

Daseins zu lenken«. Auf dem Weg dorthin wird Kornmann attestiert, »das Beschleunigungsaxiom um sein apokalyptisches Erbe gebracht und aus der progressiven, fortschrittlichen Erwartung herausgedreht« zu haben[75] – keine geringe Leistung, wenn man bedenkt, dass Kosellecks eigene Fortschrittsskepsis seinerzeit, wie ja auch schon zu Zeiten von *Kritik und Krise*, nicht frei von apokalyptischen Schwingungen war.[76]

Demnach muss Kornmann auf Koselleck selbst wie ein Stabilisator im modernen »Zeitstrudel«[77] gewirkt haben. Vermittelte er dem Historiker am Ende vielleicht sogar das »Gegengewicht einer Ewigkeit, die keine Summierung von Zeiten ist, keine unbegrenzte Dauer, gegen welche der Verlauf der Zeiten sich abhöbe, sondern die Energie des Unveränderlichen«[78] – oder zumindest eine Ahnung davon? In jedem Fall stand Kornmann Pate bei Kosellecks früher Hinwendung zu den Wiederholungsstrukturen der Geschichte, denen er noch seine letzten Texte widmete.[79] Wenngleich er stets betonte, die von ihm in den Blick genommenen Wiederholungsstrukturen würden »keine schlichte Wiederkehr des Gleichen« bezeugen und die Einmaligkeit von Ereignissen zwar bedingen, aber nicht hinreichend begründen,[80] bleibt diese Denkbewegung doch auch insofern eine ungewöhnliche, als sie konsequent verfolgt von jener Wissenschaft abweichen würde, die »eingespannt in den Ablauf des *Fortschritts*«, ihren letzten Sinn und Zweck in der *Überholung* erblickt.[81]

So war es nur angemessen, dass der Historiker dem Wiederholungsdenker aus der Sattelzeit zur Jahrtausendwende noch einmal ausdrücklich seine Reverenz erwies. Nachdem er in den drei früheren Manuskripten seines Vortrags über die Beschleunigung und die Säkularisation lediglich Kornmanns Namen genannt hatte,[82] fügte Koselleck in der Druckfassung sein Lieblingszitat aus der *Sibylle der Zeit aus der Vorzeit* hinzu und ließ dem Nachweis in der Fußnote noch eine längere Erläuterung folgen:

Rupert Kornmann, als Abt von Prüfening selber ein Opfer der – hier bayerischen – Säkularisation, bringt schon mit seinem prägnanten Titel den Wechsel der Argumentationsfiguren auf seinen Begriff. Der Verzicht auf die apokalyptischen Erwartungen – ohne den christlichen Glauben aufzugeben – und der Rekurs auf die sich seit der alten Geschichte immer wiederholenden Strukturen, angereichert durch die revolutionären, spezifisch neuzeitlichen Beschleunigungserfahrungen, befähigen Kornmann zu ebenso spannenden wie gelehrten und geistreichen Einsichten, die jede geschichtsphilosophische Anleihe vermeiden.[83]

Editorische Notiz

Die ausgewählten Texte von Rupert Kornmann werden in ihrer ursprünglichen Reihenfolge nach den folgenden Ausgaben wiedergegeben:

Die Sibylle der Zeit aus der Vorzeit. Oder politische Grundsätze durch die Geschichte bewähret. Nebst einer Abhandlung über die politische Divination, 3 Bände, 2. vollständige Ausgabe für minder Begüterte, Regensburg [ohne Verlagsangabe] 1814. (hier I. und II.)

Nachträge zu den beyden Sibyllen der Zeit und der Religion. Nebst dem Bildnisse und der Biographie des Verfassers, Regensburg: Johann Baptist Rotermundt 1818. (hier III.)

Aufgenommen wurden lediglich Originaltexte Kornmanns, obwohl die Textur von *Die Sibylle der Zeit aus der Vorzeit* zu einem beträchtlichen Teil aus Zitaten anderer Autoren gewebt ist. Quantitativ umfasst die Auswahl nur einen geringfügigen Teil der beiden Werke, wobei die dem erstgenannten vorangestellte »Abhandlung über die politische Divination« wegen ihres geschichtstheoretischen Grundsatzcharakters das größte Gewicht erhält (Teil I). Teil II versammelt vor allem Betrachtungen zur Aufklärung, Teil III Aphorismen, die die beiden Schwerpunkte ergänzen. Die Auswahl ist einerseits wesentlich kürzer als die 1947 von Hugo Lang herausgegebene, bietet andererseits aber auch einige von ihr nicht berücksichtigte Passagen. Rechtschreibung und Zeichensetzung wurden den neuen Regeln angepasst.

Das Porträt Rupert Kornmanns auf S. 40 ist der oben zitierten Ausgabe der *Nachträge zu den beyden Sibyllen* entnommen.

Anmerkungen

Ein verspätetes Weihnachtsgeschenk

1   Reinhart Koselleck an Carl Schmitt, 18. Februar 1961, in: Reinhart Koselleck und Carl Schmitt, *Der Briefwechsel 1953–1983*, hg. v. Jan Eike Dunkhase, Berlin 2019, S. 191. Koselleck kündigte Schmitt den Band bereits am 26. Dezember 1960 an, als »kleine Gegengabe, die ich seit Wochen bestellt habe« (ebd., S. 186). Am 16. Dezember hatte Schmitt dem Ehepaar Koselleck das Erzählgedicht *Die kleine Schöpfung* des katholischen Dichters und Publizisten Konrad Weiß als »Weihnachtsgruss« und zugleich verspätetes Geschenk zur Geburt ihrer ersten Tochter geschickt.

2   Hugo Lang OSB, *Der Historiker als Prophet. Leben und Schriften des Abtes Rupert Kornmann (1757–1817)*, Nürnberg 1947, S. 5. Ein annotiertes Exemplar des Bandes mit Besitzvermerk findet sich in Kosellecks Bibliothek im Deutschen Literaturarchiv Marbach (DLA, G: Koselleck).

3   Koselleck an Schmitt, 18. Februar 1961, in: Koselleck/Schmitt, *Briefwechsel*, S. 191.

Säkularisation und Resignation

1   Rupert Kornmann an Carl Klocker, 16. Dezember 1798, in: *Im Vorfeld der Säkularisation. Briefe aus bayerischen Klöstern 1794–1803 (1812)*, ein-

geleitet und bearbeitet v. Winfried Müller, Köln/ Wien 1989, S. 203.

2   Reinhard Stauber, »Zwischen Finanznot, Ideologie und neuer Staatsordnung. Die politischen Entscheidungen der Administration Montgelas auf dem Weg zur Säkularisation 1798 bis 1803«, in: Alois Schmid (Hg.), *Die Säkularisation in Bayern 1803. Kulturbruch oder Modernisierung?*, München 2003, S. 111–151, hier S. 118.

3   Siehe dazu die von Kornmann anonym herausgegebene *Sammlung wichtiger Acktenstücke die Landschaft in Baiern betreffend* (Frankfurt/M. und Leipzig 1800).

4   Als Einführung empfiehlt sich noch immer: Dietmar Stutzer, *Die Säkularisation 1803. Der Sturm auf Bayerns Klöster*, Rosenheim 1979.

5   Vgl. nur Hans Maier, »Säkularisation. Schicksale eines Rechtsbegriffs im neuzeitlichen Europa«, in: Schmid, *Die Säkularisation in Bayern*, S. 1–28; Werner Conze, Hans-Wolfgang Strätz und Hermann Zabel, »Säkularisation, Säkularisierung«, in: *Geschichtliche Grundbegriffe. Historisches Lexikon zur politisch-sozialen Sprache in Deutschland*, hg. v. Otto Brunner, Werner Conze und Reinhart Koselleck, Bd. 5, Stuttgart 1984, S. 789–829.

6   Vgl. Hermann Lübbe, *Säkularisierung. Geschichte eines ideenpolitischen Begriffs*, 3. Aufl., Freiburg/ München 2003, S. 23–33; Hans Blumenberg, *Die Legitimität der Neuzeit*, 2. Aufl., Frankfurt/M. 1988, S. 20–34.

7   Vgl. Dietmar Stutzer, *Klöster als Arbeitgeber um 1800. Die bayerischen Klöster als Unternehmens-*

einheiten und ihre Sozialsysteme zur Zeit der Säkularisation 1803*, Göttingen 1986; ders., *Die Säkularisation 1803*, S. 264–285; Werner K. Blessing, »Verödung oder Fortschritt? Zu den gesellschaftlichen Folgen der Säkularisation«, in: Schmid, *Die Säkularisation in Bayern*, S. 334–366.

8 Rudolf Morsey, »Wirtschaftliche und soziale Auswirkungen der Säkularisation in Deutschland«, in: Rudolf Vierhaus und Manfred Botzenhart (Hg.), *Dauer und Wandel der Geschichte. Aspekte europäischer Vergangenheit. Festschrift für Kurt von Raumer zum 15. Dezember 1965*, Münster 1966, S. 361–383, hier S. 376.

9 Vgl. Manfred Knedlik und Georg Schrott (Hg.), *Abt Rupert Kornmann von Prüfening (1757–1817). Ein Benediktinischer Gelehrter zwischen Aufklärung und Restauration*, Regensburg 2007; zur Biografie v. a.: Paul Mai, »Rupert Kornmann (1757–1817). Letzter Abt von Prüfening«, in: ebd., S. 1–12.

10 Vgl. Alois Schmid, »Kloster Prüfening. Eine bayerische Prälatur vor den Toren der Reichsstadt Regensburg«, in: *Zeitschrift für Bayerische Landesgeschichte* 58 (1995), S. 219–316, Zitate auf S. 312; Eberhard Dünninger, »Das Kloster Prüfening am Ende des 18. Jahrhunderts. Ausklang einer großen Tradition«, in: ebd., S. 317–332.

11 Vgl. Ulrich L. Lehner, *Enlightened Monks. The German Benedictines 1740–1803*, Oxford 2011, wo Kornmann als erstes Beispiel für die »aufgeklärten Mönche« genannt wird (S. 3). Steffen Martus attestiert jenen Mönchen in Anlehnung

an Lehner ein »bemerkenswertes Faible für Toleranz und Friedfertigkeit, für die Historizität des Glaubens und seiner Ausdrucksformen und ein entsprechend reflektiertes Verhältnis gegenüber den vielfältigen Möglichkeiten, ein frommes Leben zu führen« (*Aufklärung. Das deutsche 18. Jahrhundert – ein Epochenbild*, Berlin 2015, S. 602). Als kritische Ergänzung zum Thema empfiehlt sich: Thomas Wallnig, *Critical Monks. The German Benedictines 1680–1740*, Leiden/Boston 2019.

12 »Lebensgeschichte des Hochwürdigen, Hochwohlgeborenen Herrn Rupert Kornmann«, in: Rupert Kornmann, *Nachträge zu den beyden Sibyllen der Zeit und der Religion. Nebst dem Bildnisse und der Biographie des Verfassers*, Regensburg 1818, S. 319–437, hier S. 338. Kornmanns zum Teil erhaltene Bühnen- und Singstücke sind in Manfred Knedliks »Bibliographie der Veröffentlichungen Rupert Kornmanns« verzeichnet (in: Knedlik/Schrott, *Abt Rupert Kornmann*, S. 13–23).

13 Vgl. Rupert Kornmann (Hg.), *Neueste Aktenstücke des Prälatenstandes und der Landschaft in Baiern*, o. O. 1802.

14 Vgl. ders., *Sammlung wichtiger Acktenstücke die Landschaft in Baiern betreffend*, S. 42 f. Der Prälatenstand kam dem Kurfürsten seinerseits mit einer freiwilligen Zahlung von 500 000 Gulden entgegen.

15 Vgl. Eberhard Weis, *Montgelas. Eine Biographie, 1759–1838*, durchgesehene und ergänzte einbändige Sonderausgabe, München 2008.

16 Ders., »Montgelas und die Säkularisation 1802/03«, in: Schmid, *Die Säkularisation in Bayern,* S. 152–255, hier S. 227.

17 Winfried Müller, »Ein bayerischer Sonderweg? Die Säkularisation im links- und rechtsrheinischen Deutschland«, in: Schmid, *Die Säkularisation in Bayern*, S. 317–334, hier S. 320.

18 Carl Klocker an Gregor Rottenkolber, 27. März 1802, in: *Im Vorfeld der Säkularisation*, S. 301.

19 Vgl. nur Manfred Weitlauff, »Die Säkularisation in Bayern. Ereignisse und Probleme«, in: Schmid, *Die Säkularisation in Bayern*, S. 29–84; *Bayern ohne Klöster? Die Säkularisation 1802/03 und die Folgen. Eine Ausstellung des Bayerischen Hauptstaatsarchivs*, 2. Aufl., München 2003.

20 »Lebensgeschichte des Hochwürdigen, Hochwohlgeborenen Herrn Rupert Kornmann«, S. 390–392. Bei dem Verfasser der »Lebensgeschichte« handelt es sich um Pater Johann Evangelist Kaindl, der dabei wohl von Pater Edmund Walberer unterstützt wurde.

21 Zit. nach ebd., S. 394.

22 Kornmanns Schreiben vom 28. März 1803, in dem er die ausreichende Versorgung der ihm Anvertrauten, aber auch eine Erhöhung der ihm selbst zugesprochenen jährlichen Pension anmahnte (»das Minimum von 2000 f. nebst zwei Pferden und zwei Pferdeportionen«), enthält auch einen Rechenschaftsbericht über sein Wirken in Prüfening. Vgl. Stephan Kellner, »›Ich trete nun samt den Meinigen von der bisherigen Laufbahn ab.‹ Rupert Kornmann, Abt des Klos-

ters Prüfening, wendet sich im März 1803 an den bayerischen Kurfürsten Max IV. Joseph«, in: Knedlik/Schrott, *Abt Rupert Kornmann*, S. 57–66 (Edition des Schreibens auf S. 62–66).

23 Vgl. Karl Josef Benz, »Zu den kulturpolitischen Hintergründen der Säkularisation von 1803. Motive und Folgen der allgemeinen Klosteraufhebung«, in: *Saeculum* 26 (1975), S. 364–385, hier S. 378 f.; Wolfgang Winhard OSB, »Altbayerische Äbte und Pröpste nach der Aufhebung ihrer Klöster und Stifte«, in: *Bayern ohne Klöster?*, S. 287–303, hier S. 300.

24 »Lebensgeschichte des Hochwürdigen, Hochwohlgeborenen Herrn Rupert Kornmann«, S. 397, 426 und 435.

25 Matthias Laarmann, »Resignation, resignieren«, in: *Historisches Wörterbuch der Philosophie*, hg. v. Joachim Ritter und Karlfried Gründer, Bd. 8: R-Sc, Darmstadt 1992, Sp. 909–916, hier Sp. 910.

26 Dies vielleicht auch im Sinne einer »Ent-schlossenheit«, die »nicht die decidierte Aktion eines Subjekts« ist, »sondern die Eröffnung des Daseins aus der Befangenheit im Seienden zur Offenheit des Seins«; vgl. Martin Heidegger, »Der Ursprung des Kunstwerkes« (1933/36), in: ders., *Holzwege*, hg. v. Friedrich-Wilhelm von Herrmann, 2. Aufl., Frankfurt/M. 2003, S. 1–74, hier S. 55.

27 *Gutachten über den Priestermangel von R. Kornmann, Prälaten von Prifling, an das Ordinariat Regensburg unter dem Vorsitze des FürstPrimas v. Dalberg*, Landshut 1817. Siehe hierzu Manfred

Eder, »›Altäre ohne Priester‹. Rupert Kornmanns Gutachten zum Priestermangel aus dem Jahre 1816 im Kontext der bayerischen Kirchenpolitik der Ära Montgelas«, in: Knedlik/Schrott, *Abt Rupert Kornmann*, S. 163–205.

28 Rupert Kornmann, *Bemerkungen über die projektierte Widerherstellung einiger Klöster in Bayern*, o. O. 1817; hier zit. nach dem Nachdruck unter dem Titel »Gedanken bey Gelegenheit der Sage von Errichtung einiger Abteyen in Bayern«, in: *Literaturzeitung für die katholische Geistlichkeit* 19 (1828), S. 344–349.

29 So ganz entschieden: Anton Döberl, »Abt R. Kornmann und die kirchliche Restauration«, in: *Historisch-politische Blätter für das katholische Deutschland* 151 (1913), S. 85–97 und S. 182–190. Siehe auch: Mai, Rupert Kornmann, S. 9; Winhard, »Altbayerische Äbte und Pröpste«, S. 293.

30 Grundlegend hierzu: Panajotis Kondylis, »Reaktion, Restauration«, in: *Geschichtliche Grundbegriffe*, Bd. 5, S. 179–230. Dass der *vormoderne* Restaurationsbegriff mit seiner »ursprünglichen Bindung an die Vorstellung einer Kreisbewegung in der Geschichte« (ebd., S. 188) im Sinn einer »politischen Wiederholungsstruktur« (Reinhart Koselleck, »Kondylis' Beiträge zu den ›geschichtlichen Grundbegriffen‹« [1998], in: Falk Horst (Hg.), *Panajotis Kondylis. Aufklärer ohne Mission. Aufsätze und Essays*, Berlin 2007, S. 1–14, hier S. 6) Kornmanns Denken verwandt war, steht auf einem anderen Blatt.

31 Thomas Nipperdey, *Deutsche Geschichte 1800–*

1866. Bürgerwelt und starker Staat, München 1998, S. 285.

32 Rupert Kornmann, *Die Sibylle der Zeit aus der Vorzeit. Oder politische Grundsätze durch die Geschichte bewährt. Nebst einer Abhandlung über die politische Divination*, Bd. I, 2. Aufl., Regensburg 1814, S. 46.

33 Ebd.

34 Im Einzelnen lauten die »Allgemeinen Sätze«: I. Reiche, Staaten und Verfassungen haben ihre Perioden; II. Auch das Schicksal der Großen hat seine Perioden; III. Nichts ist wandelbarer als die Stimmung des Volks; IV. Bündnisse und Vermittlungen sind eine bedenkliche Sache; V. Unbestand der ewigen Friedensschlüsse; VI. Schwere Vereinigung der Politik mit der Moral; VII. Glücklich der Staat, dessen erstes Grundgesetz Sicherheit des Eigentums ist; VIII. Gute Regenten sind ein wahres Nationalglück; IX. Heil dem König, der in der Wahl seiner Freunde und Staatsdiener glücklich ist; X. Verdiente Männer werden nicht immer nach Verdienst belohnt; XI. Gold und Luxus machen weder groß noch glücklich; XII. Sitten, Gesetze und Religion sind die Grundfeste der Staaten.

35 Kornmann, *Die Sibylle der Zeit aus der Vorzeit*, Bd. II, S. 4.

36 In seinem dem Hauptteil der *Sibylle der Zeit aus der Vorzeit* vorangestellten »Vorbericht« schreibt Kornmann: »Bey den unzähligen Ähnlichkeiten wird den Leser bey Durchlesung der alten Geschichte die neuere und neuste Geschichte selbst

begleiten, und manche Lücke durch die Gesetze der Ideenassociation ausfüllen. Es wird ihm ein Leichtes seyn, die Data und Beobachtungen seines vaterländischen Horizontes beyzusetzen« (S. 45 f.).

37 In den *Nachträgen* von 1817 schrieb er immerhin: »Man zähle die Unglücklichen, die der Krumstab gemacht hat; dann mag man ihn verfolgen!« (S. 123).

38 Siehe oben S. 28 f.

39 *Allgemeine Literatur-Zeitung*, Julius 1814, Sp. 468–472, hier Sp. 472.

40 Ebd., Sp. 468.

41 Mai, »Rupert Kornmann«, S. 9. Laut Kaindl fanden Kornmanns Sibyllen »Aufnahme bei dem heil. Vater in Rom, wie an den ersten Höfen weltlicher Regenten; sie wurden die Lektüre des Staatsmannes, wie des Religionsdieners; sie überzeugten den Philosophen, und ergötzten den Geschäftsmann; sie lagen aufgeschlagen an den Toiletten der Damen, wie auf dem Arbeitstische gebildeter Bürgersfrauen« (»Lebensgeschichte des Hochwürdigen, Hochwohlgeborenen Herrn Rupert Kornmann«, S. 407).

42 Zit. nach Döberl, »Abt R. Kornmann«, S. 190. Kronprinz Ludwig bezog sich hier neben der *Sibylle der Zeit aus der Vorzeit* auch auf Kornmanns späteres Werk *Die Sibylle der Religion aus der Welt- und Menschengeschichte. Nebst einer Abhandlung über die goldenen Zeitalter* (München 1813). Nach eigener Auskunft hatte er beide Werke mehrmals gelesen.

43 Heinz Gollwitzer, *Ludwig I. von Bayern. Königtum im Vormärz. Eine politische Biographie*, München 1997, S. 523–527.

44 Golo Mann, *Ludwig I. von Bayern*, hg. v. Hans-Martin Gauger, Frankfurt/M. 1999, S. 107.

45 Kornmann, *Nachträge*, S. III.

Wiederholung und Beschleunigung

1 Vgl. DLA, G: Koselleck, Hugo Lang OSB, *Der Historiker als Prophet. Leben und Schriften des Abtes Rupert Kornmann (1757–1817)*, Nürnberg 1947. Dass Koselleck es nicht bei einer einmaligen Lektüre bewenden ließ, zeigt sich bereits daran, dass seine Anstreichungen mit verschiedenen Stiften (auf denselben Seiten) vorgenommen wurden.

2 Vgl. Koselleck/Schmitt, *Briefwechsel 1953–1983*, S. 252 und 254 f.

3 Der (überlieferte) *Briefwechsel* zwischen Schmitt und Koselleck findet seine Fortsetzung erst mit einem kurzen Weihnachtsgruß Schmitts vom 22. Dezember 1961 (ebd., S. 193).

4 Vgl. das Verzeichnis auf der Website der Carl-Schmitt-Gesellschaft: {www.carl-schmitt.de/wp-content/uploads/BIBLIOTHEK_CS-4.pdf }.

5 Jacob Burckhardt, *Die Zeit Constantins des Großen*, München 1982, S. 239.

6 Vgl. Carl Schmitt, *Politische Theologie II. Die Legende von der Erledigung jeder Politischen Theologie*, 6. Aufl., Berlin 1970, S. 54–73; Koselleck/Schmitt, *Briefwechsel*, S. 235 f.

7   Vgl. etwa Helmut Quaritsch, *Positionen und Begriffe Carl Schmitt*, 5. Aufl., Berlin 2018, S. 25–35; Christian Linder, *Der Bahnhof von Finnentrop. Eine Reise ins Carl Schmitt Land*, Berlin 2008, S. 344–352. Publizistisch hat sich Schmitts Katholizität am eindringlichsten in seiner Schrift *Römischer Katholizismus und politische Form* (1923) manifestiert.

8   In seinem Exemplar von Langs Auswahl notierte Koselleck Schmitts Initialen neben Kornmanns Satz »So müßte sich denn ein König, der keine Feinde hätte, Feinde machen«; DLA, G: Koselleck, *Der Historiker als Prophet*, S. 139.

9   Carl Schmitt, *Donoso Cortés in gesamteuropäischer Interpretation. Vier Aufsätze* (1950), 2. Aufl., Berlin 2009, S. 11–20, hier S. 13 und 19 f.

10 Koselleck/Schmitt, *Briefwechsel*, S. 191.

11 Karl Löwith, *Weltgeschichte und Heilsgeschehen. Die theologischen Voraussetzungen der Geschichtsphilosophie*, Stuttgart 1953, S. 11.

12 Siehe Reinhart Koselleck und Carsten Dutt, »Erfahrene Geschichte«, in: dies., *Erfahrene Geschichte. Zwei Gespräche*, Heidelberg 2013, S. 11–43, hier S. 37 f.

13 Löwith, *Weltgeschichte und Heilgeschehen*, S. 11 f.

14 Reinhart Koselleck, *Kritik und Krise. Eine Untersuchung der politischen Funktion des dualistischen Weltbildes im 18. Jahrhundert,* phil. Diss., Heidelberg 1954; ders., *Kritik und Krise. Ein Beitrag zur Pathogenese der bürgerlichen Welt*, Freiburg/München 1959; Koselleck/Schmitt, *Briefwechsel*, S. 31 und 64.

15 Jürgen Habermas, »Verrufener Fortschritt – ver-
kanntes Jahrhundert. Zur Kritik an der Geschichtsphilosophie«, in: *Merkur* 147, Jg. 14 (1960), S. 468–
477, hier S. 470.

16 Im *Briefwechsel* zwischen Koselleck und Schmitt
hat Habermas' Sammelrezension keinen Nieder-
schlag gefunden, wobei für die Zeit zwischen Juli
1959 und Oktober 1960 auch überhaupt keine
Sendungen vorliegen. Die beiden trafen sich allerdings im September 1960 bei Ernst Forsthoffs
Ferienseminar in Ebrach.

17 Dass sich Koselleck nicht nur Kornmann einpräg-
te, sondern auch der Herausgeber, der ihm diesen
zugänglich gemacht hatte, zeigt sich daran, dass er
sich einen Artikel zu Hugo Langs 70. Geburtstag
in sein Exemplar von *Der Historiker als Prophet*
steckte (Alois Hahn, »Ein weltoffener Ordens-
mann«, in: *Süddeutsche Zeitung*, 1. Dezember
1962; DLA, C: Koselleck, Einlagen 512).

18 Vgl. Reinhart Koselleck, *Preußen zwischen Reform und Revolution. Allgemeines Landrecht,
Verwaltung und soziale Bewegung von 1791 bis
1848*, Stuttgart 1967. Im Juli 1958 berichtete Koselleck Schmitt erstmals von dem Vorhaben, »die
Spannung zwischen ›Staat‹ und ›Gesellschaft‹
im preußischen Vormärz zu untersuchen«. Das
Thema, schrieb er, »stammt von Professor Conze, der die sozialgeschichtliche Richtung im Se-
minar stärker betont«; Koselleck/Schmitt, *Briefwechsel*, S. 144 f.

19 Vgl. Reinhart Koselleck, »Einleitung«, in: *Geschichtliche Grundbegriffe. Historisches Lexikon*

zur politisch-sozialen Sprache in Deutschland, hg. v. Otto Brunner, Werner Conze und Reinhart Koselleck, Bd. 1, Stuttgart 1972, S. XIII–XXVII, hier S. XV.

20 »Lebensgeschichte des Hochwürdigen, Hochwohlgeborenen Herrn Rupert Kornmann«, in: Rupert Kornmann, *Nachträge zu den beyden Sibyllen der Zeit und der Religion. Nebst dem Bildnisse und der Biographie des Verfassers*, Regensburg 1818, S. 319–437, hier S. 422.

21 Koselleck/Schmitt, *Briefwechsel*, S. 191 f. Vgl. auch Kosellecks erste Publikation zum Thema: »Staat und Gesellschaft in Preußen 1815–1848«, in: Werner Conze (Hg.), *Staat und Gesellschaft im deutschen Vormärz 1815–1848* (1962), 2. Aufl., Stuttgart 1970, S. 79–112.

22 Koselleck, *Kritik und Krise* (1959), S. 157.

23 Vgl. Reinhart Koselleck, »Historia Magistra Vitae. Über die Auflösung des Topos im Horizont neuzeitlich bewegter Geschichte«, in: Hermann Braun und Manfred Riedel (Hg.), *Natur und Geschichte. Karl Löwith zum 70. Geburtstag*, Stuttgart 1967, S. 169–219.

24 Koselleck/Schmitt, *Briefwechsel*, S. 136 und 144.

25 Reinhart Koselleck, *Vergangene Zukunft. Zur Semantik geschichtlicher Zeiten*, 4. Aufl., Frankfurt/M. 2000, S. 15–104.

26 Vgl. nur ders., »Die unbekannte Zukunft und die Kunst der Prognose« (1984/85), in: ders., *Zeitschichten. Studien zur Historik*, Frankfurt/M. 2000, S. 203–221. Treffend bemerkt Gennaro Imbriano: »Der Zukunftserwartung der Geschichtsphiloso-

phie stellt Koselleck die wissenschaftliche Analyse der Geschichtswissenschaft entgegen, mit der die historische Wirklichkeit durch Begriffe erfasst wird, die keine ideologische Prophetie zur Zukunft bewirken. Die Historiographie wird als Prognostik erfasst, d. h. als Wissenschaft, deren Kategorien als Erfahrungsbegriffe und nicht als Erwartungsbegriffe benutzt werden« (*Der Begriff der Politik. Die Moderne als Krisenzeit im Werk von Reinhart Koselleck*, Frankfurt/M. und New York 2018, S. 122).

27 Koselleck/Schmitt, *Briefwechsel*, S. 186 (Hervorhebung des Herausgebers).

28 So auch ein spontaner Gedanke der Witwe des Historikers, Felicitas Koselleck, bei einem Gespräch mit dem Verfasser am 20. März 2021. Dass Kühn, der nicht nur Kosellecks Doktorvater, sondern auch sein Pate war und bis zu seinem Tod mit ihm in engem persönlichem Austausch stand, Kornmanns prognostisches Geschichtsdenken nicht fern lag, lässt sich aus den folgenden Worten erahnen, die Koselleck am 23. Februar 1973 an Kühns Grab in Heidelberg-Handschuhsheim sprach: »Mit Hamann mochte er fragen: ›Wodurch verlieren wir die Aussicht des Künftigen, als weil wir das Vergangene uns entgehen lassen?‹ Die rege Unruhe, mit der Johannes Kühn von Tag zu Tag den Bogen in die Jahrhunderte und Jahrtausende zurückgeschlagen hat, war entsprungen jener inneren Ruhe, die erforderlich ist, um die Aussicht in das Künftige zu öffnen und zu ertragen. Und mit Hamann

mochte er weiter sagen: ›Das verlorene Gestern macht das gegenwärtige Heute unruhig und unbrauchbar zur Erkenntnis der Ewigkeit.‹ Letztlich war es die Konvergenz von Welt und Ewigkeit, um die er gerungen hat: In der Kunst und in der Geschichte, in der Blume und im Buch«; zit. nach dem zweiseitigen Typoskript von Kosellecks Grabrede, das in Schmitts Nachlass überliefert ist (Landesarchiv Nordrhein-Westfalen, Abteilung Rheinland, RW 265–20030).

29 Vgl. Johannes Kühns im Wintersemester 1949/50 gehaltene Heidelberger Antrittsvorlesung »Geschichtsphilosophie und Utopie« in: Die Welt als Geschichte 11 (1951), S. 1–11.

30 Reinhart Koselleck, »Kornmann«, in: DLA, C: Koselleck, Einlagen 512. Wofür das »K« steht, ist allerdings unklar.

31 Ebd.

32 Vgl. nur Reinhart Koselleck, »Historik und Hermeneutik« (1985), in: ders., *Zeitschichten*, S. 97–118, hier S. 99; ders., »Über die Theoriebedürftigkeit der Geschichtswissenschaft« (1972), in: ebd., S. 298–316; ders., »Wiederholungsstrukturen in Sprache und Geschichte« (2006), in: ders., *Vom Sinn und Unsinn der Geschichte. Aufsätze und Vorträge aus vier Jahrzehnten*, hg. v. Carsten Dutt, Frankfurt/M. 2014, S. 96–114. Siehe dazu Stefan-Ludwig Hoffmann, »Was die Zukunft birgt. Über Reinhart Kosellecks Historik«, in: *Merkur* 721, Jg. 63 (2009), S. 546–550.

33 Vgl. Reinhart Koselleck, »Historia Magistra Vitae«, S. 50–54; »Geschichte, Historie« I, V–VII, in:

Geschichtliche Grundbegriffe, Bd. 2, 1975, S. 593–595 und S. 647–717, hier S. 647–653. Kritisch hierzu: Jan Marco Sawilla, »›Geschichte‹: Ein Produkt der deutschen Aufklärung? Eine Kritik an Reinhart Kosellecks Begriff des ›Kollektivsingulars Geschichte‹«, in: *Zeitschrift für Historische Forschung* 31 (2004), S. 381–428.

34 Jacob Taubes, »Geschichtsphilosophie und Historik. Bemerkungen zu Kosellecks Programm einer neuen Historik«, in: Reinhart Koselleck und Wolf-Dieter Stempel (Hg.), *Geschichte – Ereignis und Erzählung*, München 1973, S. 490–499, hier S. 492.

35 Reinhart Koselleck und Carsten Dutt, »Geschichte(n) und Historik« (2001), in: dies., *Erfahrene Geschichte*, S. 45–67, hier S. 47 f. Auch Niklas Olsen hat die Pluralisierung von Geschichte zum Leitmotiv von Kosellecks Werk erhoben (*History in the Plural. An Introduction to the Work of Reinhart Koselleck*, New York und Oxford 2012), während Gennaro Imbriano (*Der Begriff der Politik*, S. 15) ihn im Gegenzug ausdrücklich als »Theoretiker der Geschichte im Singular« behandelt.

36 Koselleck, »Kornmann« (kursiv im Original unterstrichen). Diesem Befund hat Koselleck in Klammern hinzugefügt: »Hegel nahe kommend: auf empirischer Basis christlicher Gläubigkeit«. Weiter unten heißt es dazu u. a. noch: »Innere Geschichte des Guten Menschen gegen lärmende Geschichte der Nichtigkeit [/] stoische Elemente im Christentum. [/] Die Vorsehung durch die Geschichte gerechtfertigt – nicht mehr die

Geschichte durch die Vorsehung gerechtfertigt: Umwandlung von Augustin!«.

37 Kornmann, *Die Sibylle der Zeit aus der Vorzeit. Oder politische Grundsätze durch die Geschichte bewähret. Nebst einer Abhandlung über die politische Divination*, Bd. III, Regensburg 1814, S. 132. Dass Koselleck sich in seinen Kornmann-Notizen noch ausschließlich auf Langs Auswahl stützt, wird aus den Seitenangaben klar ersichtlich.

38 Löwith, *Weltgeschichte und Heilsgeschehen*, S. 15.

39 Christian Jostmann, »Das Schweigen der Sibyllen«, in: *Zeitschrift für Ideengeschichte* 1 (2007) 4, S. 85–96, hier S. 96.

40 Alfons Kurfess, »Sibyllen und Sibyllinen«, in: ders. (Hg.), *Sibyllinische Weissagungen. Urtext und Übersetzung*, München 1951, S. 5–23, hier S. 5; Arthur Hübscher, *Die große Weissagung. Texte, Geschichte und Deutung der Prophezeiungen von den biblischen Propheten bis auf unsere Zeit*, München 1952, S. 77.

41 Abgesehen von dem zitierten Satz aus der »Abhandlung über die politische Divination« taucht die Figur der Sibylle nur noch einmal im Werk auf, und zwar zwischen dem Titelblatt und dem Inhaltsverzeichnis des II. Bandes, wo Kornmann die folgende Erklärung einschaltet: »Laktanz und Suidas leiten den Namen Σίβυλλα, von dem Dorischen σιός, d. i. ϑεός (Gott), und dem Aeolischen βυλλα, d. i. βελή (Rath), her. Unter die merkwürdigern Sibyllen des Alterthums gehören: Die Persische, Lybische, Delphische, Cimmerische, Erythräische, Samische, Cumanische,

Hellepontische, Phrygische und Tyburtinische. Nur jene aber verdienet Aufmerksamkeit, welche der Bedeutung des Wortes am nächsten kommt.« Darüber steht auf derselben Seite ein Gedicht Kornmanns: »Am Bande der Geschichte / Durchwandr' ich alte Regionen, / Und sehe wie im Sternenlichte / Das Loos der Menschen und der Thronen. / Was ich geseh'n, gehört, / Das leg' ich treu und bieder, / O Wahrheit! Unversehrt / In deinem Schooße nieder. / Der Zweck ist gut; und gut der Wille, / Ich deute auf Personen nicht: / Es ist nur die Sibylle, / Die da spricht.«

42 Erst gegen Ende des Werks wartet Kornmann mit einem kurz eingeschobenen Lob des Christentums auf (*Die Sibylle der Zeit aus der Vorzeit*, Bd. III, S. 178–181). Hugo Lang hat es in seiner Auswahl ausgespart.

43 Ebd., Bd. I, S. 78: »›Das Volk, unzählbar, wie der Sand am Meere, hatte zu essen und zu trinken, und war fröhlich. Juda und Israel lebten furchtlos, jeder unter seinem Weinstocke oder Feigenbaume von Dan bis Bersabee.‹ (3. Könige Kap. IV)«. Korrekt wäre der Nachweis 1 Kön 4,20 und 5,5.

44 Hans-Peter Müller, »Der unheimliche Gast. Zum Denken Kohelets«, in: *Zeitschrift für Theologie und Kirche* 84 (1987) 4, S. 440–464, hier S. 454. Vgl. auch Eberhard Bons, »Das Buch Kohelet in jüdischer und christlicher Interpretation«, in: Ludger Schwienhorst-Schönberger (Hg.), *Das Buch Kohelet. Studien zur Struktur, Geschichte, Rezeption und Theologie,* Berlin und New York 1997, S. 327–361.

45 Vgl. Franz Kutschera, »Kohelet: Leben im Angesicht des Todes«, in: Schwienhorst-Schönberger, *Das Buch Kohelet*, S. 363–375.

46 So die Einheitsübersetzung von 2016.

47 Kornmann, *Die Sibylle der Zeit aus der Vorzeit*, Bd. I, S. 2.

48 Ebd., S. 38. Bei Kornmanns drittem Kohelet-Zitat handelt es sich um Koh 8,9, wo es heißt, dass ein Mensch über den andern zu seinem Unglück herrscht (ebd., Bd. III, S. 135).

49 Löwith, *Weltgeschichte und Heilsgeschehen*, S. 15. Vgl. auch die Ausführungen zu Joachim und Augustinus ebd., S. 136–159. Ergänzend dazu empfiehlt sich: Horst Günther, *Zeit der Geschichte. Welterfahrung und Zeitkategorien in der Geschichtsphilosophie*, Frankfurt/M. 1993, S. 17–68, wo es zu Augustinus u. a. heißt: »Er will in der Geschichte nichts Neues entdecken, sondern das, was ihm auf andere Weise Gewißheit geworden ist, aus dem Schatzhaus ihrer Beispiele belegen« (S. 51).

50 Koselleck, »Kornmann« (kursiv im Original unterstrichen).

51 Auch das in den *Nachträgen* von 1818 zu findende Diktum Kornmanns »Majestätisch schreitet die Welt- und Menschengeschichte in ihrem Gange fort« (S. 169) bildet dabei keine Ausnahme.

52 Vgl. Reinhart Koselleck, »Fortschritt« I, III–VI, in: *Geschichtliche Grundbegriffe*, Bd. 2, 1975, S. 351–353 und 363–423, Zitate S. 409 und 389.

53 Vgl. ders., »›Erfahrungsraum‹ und ›Erwartungshorizont‹ - zwei historische Kategorien«, in: *Vergangene Zukunft*, S. 349–375.

54 Als prominente Ausnahme sei allerdings Jacob Burckhardt zitiert: »Die Geschichtsphilosophen betrachten das *Vergangene* als Gegensatz und Vorstufe zu uns als Entwickelten; – wir betrachten das *sich Wiederholende, Konstante, Typische* als ein in uns Anklingendes und Verständliches« (*Weltgeschichtliche Betrachtungen*, hg. v. Rudolf Marx, Stuttgart 1963, S. 6). In Hermann Hesses Roman *Das Glasperlenspiel* (1943) tritt Burckhardt in Gestalt des »Pater Jakobus« als der »bedeutendste Geschichtsschreiber des Benediktiner-Ordens« in Erscheinung (Frankfurt/M. 1972, S. 171).

55 Ulrich Raulff, *Der unsichtbare Augenblick. Zeitkonzepte in der Geschichte*, Göttingen 1999, S. 93–97. Die archaischen Wurzeln des Wiederholungsgedankens beleuchtet Mircea Eliade, *Kosmos und Geschichte. Der Mythos der ewigen Wiederkehr* (1949), Frankfurt/M. und Leipzig 2007.

56 Hans Blumenberg, *Lebenszeit und Weltzeit* (1986), 5. Aufl., Berlin 2016, S. 241.

57 Vgl. Peter Borscheid, *Das Tempo-Virus. Eine Kulturgeschichte der Beschleunigung*, Frankfurt/M. und New York 2005.

58 Paul Virilio, *Ereignislandschaft* (1996), München und Wien 1998, S. 24.

59 Reinhart Koselleck, »Einige Fragen an die Begriffsgeschichte von ›Krise‹«, in: Krzysztof Michalski (Hg.), *Über die Krise. Castelgandolfo-Gespräche 1985*, Stuttgart 1986, S. 64–76, hier S. 76.

60 Hartmut Rosa, *Beschleunigung, Die Veränderung der Zeitstrukturen in der Moderne* (2005), 11. Aufl., Frankfurt/M. 2016, S. 48.

61 Koselleck, »Fortschritt«, S. 401 f.

62 Imbriano, *Der Begriff der Politik*, S. 11.

63 Vgl. Lorenz von Stein, *Zur preußischen Verfassungsfrage*, Reprint, hg. v. Norbert Simon, Berlin 2002. Siehe dazu: Dirk Blasius, »Zeitdiagnosen: Carl Schmitt und Lorenz von Stein«, in: *Der Staat* 43 (2004) 1, S. 23–34.

64 Reinhart Koselleck, »Geschichtliche Prognose in Lorenz v. Steins Schrift zur preußischen Verfassung«, in: *Der Staat* 4 (1965) 4, S. 469–481. Die »Grundthese« der sich als richtig erwiesenen »Strukturprognose« von Steins fasste Koselleck dahingehend zusammen, »daß Preußen nicht verfassungsfähig sei – verfassungsfähig im westlichen Sinne –, daß aber alle Hindernisse einer preußischen Konstitution auf ihre Aufhebung in einer deutschen Verfassung drängen« (S. 475). Koselleck trug den Aufsatz vor dessen Erscheinen bei Ernst Forsthoffs Ebracher Ferienseminar im Oktober 1965 vor, an dem auch Schmitt teilnahm. Das Typoskript findet sich in Schmitts Nachlass im Landesarchiv Nordrhein-Westfalen, Abteilung Rheinland (»Dr. Kosellek [sic] am 11. Oktober 1965«, RW 265, Nr. 19777–1).

65 Koselleck, »Geschichtliche Prognose«, S. 469 und 472. Wie sehr Koselleck sich mit dem »Geschichtsdenker« Stein identifizierte, wird auch aus dem folgenden Zitat ersichtlich: »Stein entwickelte eine Theorie der Geschichte. Sie diente ihm, alle Ereignisse aufzuschlüsseln: auf ihre dauerhaften Voraussetzungen hin einerseits und auf ihre bewegenden Kräfte hin andererseits.

Stein war ein Geschichtsontologe im vollen Doppelsinn des Wortes« (S. 473). Eine »Geschichtsontologie« hatte Koselleck sich bereits in seinem ersten Brief an Schmitt vom Januar 1953 auf die Fahnen geschrieben; Koselleck/Schmitt, *Briefwechsel*, S. 11.

66 Reinhart Koselleck, »Geschichtliche Prognose in Lorenz v. Steins Schrift zur preußischen Verfassungsfrage«, in: ders., *Vergangene Zukunft*, S. 87–104, hier S. 88.

67 An der Stelle des Kornmann-Einschubs steht in der Fassung von 1965 die folgende Passage: »Früher kannte man Exempla, sagte *Diderot*, heute nur Regeln. ›Das, was geschieht, nach dem beurteilen, was geschehen ist‹, folgerte *Sieyès*, ›heißt, wie mir scheint, das Bekannte nach dem Unbekannten beurteilen.‹ Man dürfe den Mut nicht verlieren, nichts aus der Geschichte für die Zukunft lernen zu wollen«; Koselleck, »Geschichtliche Prognose«, S. 470. Dem zitierten Kornmann-Einschub von 1979 ist noch der folgende neue Satz vorangestellt: »Das Jahrzehnt von 1789 bis 1799 wurde von den Handelnden als Aufbruch in eine nie dagewesene Zukunft erfahren. Und selbst die Betroffenen…« Im Vorwort zum Suhrkamp-Band schreibt Koselleck: »Um unnötige Wiederholungen zu vermeiden und die Texte aufeinander abzustimmen, wurden fast alle [Studien] um einige Sätze und Zitate entweder gekürzt oder ergänzt«; *Vergangene Zukunft*, S. 88 und 14.

68 Eine Stelle aus der *Sibylle der Zeit aus der Vorzeit* zitiert Koselleck bereits in seinem Aufsatz »Staat

und Gesellschaft in Preußen 1815–1848« (S. 85), wobei er diese in der Fußnote allerdings nur wie folgt nachweist: »Zit. bei Hugo Lang O. S. B.: Der Historiker als Prophet, Nürnberg 1947, 154«. Der von Kornmann auf das Jahr 1808 datierte und dem persischen Gesandten in Paris zugeschriebene Satz lautet: »Die Franzosen haben alles erobert – bis auf die Zukunft.«

69 Reinhart Koselleck, »Historia Magistra Vitae«, S. 207. In der späteren Fassung von 1979 schreibt Koselleck den Namen des Abtes korrekt, der nun zudem als »erfahrener« Zeitgenosse Hegels firmiert; *Vergangene Zukunft*, S. 38–66, hier S. 59.

70 Siehe nur ders., *Kritik und Krise* (1959), S. 208–210; »Historische Kriterien des neuzeitlichen Revolutionsbegriffs« (1969), in: *Vergangene Zukunft*, S. 67–86.

71 Ders., »Revolution« I, IV–VII, in: *Geschichtliche Grundbegriffe*, Bd. 5, 1984, S. 653–656 und 689–788, hier S. 739 f. Kornmann, der mit seiner Reduzierung des Revolutionsbegriffs einem über Jahrhunderte dominanten Bedeutungsstreifen desselben – der Wiederkehr – die Treue hält, werden hier noch der aufklärerische Jurist Georg Friedrich Rebmann und der Publizist Joseph Görres zur Seite gestellt.

72 Ders., »Revolution als Begriff. Zur Semantik eines einst emphatischen Worts«, in: *Merkur* 433, Jg. 39 (1985), S. 203–211, hier S. 209.

73 Ders., »Revolution als Begriff und als Metapher. Zur Semantik eines einst emphatischen Worts« (1985), in: ders., *Begriffsgeschichten. Studien zur*

Semantik und Pragmatik der politischen und sozialen Sprache, Berlin 2006, S. 240–251, hier S. 248.

74 Kosellecks Bibliothek von knapp 18 000 Büchern und Schriften verteilte sich in seinem letzten Bielefelder Wohnhaus auf 13 verschiedene Zimmer, Flure und Kellerräume, darunter ein umfunktioniertes Schwimmbad. Ihr »Herzstück« war das zentrale Arbeitszimmer, das rund 4000 Bände beherbergte, neben den eigenen Arbeiten u. a. Handbücher und Wörterbücher, Bibel-Ausgaben, Gesamtdarstellungen zur deutschen, europäischen und Weltgeschichte sowie Werke zum Themenbereich Geschichtsphilosophie, Historiographie und Theorie der Geschichte, dem ein eigener Schwerpunkt zum Thema Zeit zugeordnet war. In diesem befand sich zum Zeitpunkt der Verzeichnung der Bibliothek durch das DLA Marbach neben 91 anderen Schriften auch Hugo Langs *Der Historiker als Prophet*. Siehe das Verzeichnis »Bibliothek Reinhart Koselleck. Hinweise zur Katalogsuche und Benutzung« {www.dla-marbach.de/cgi-bin/aDISCGI/kallias_prod/lib/adis.pdf?ADISDB=MM&ADISOI=01447537}. Einen Einblick in die Bibliothek bietet: Reinhard Laube, »Wissen und Memoria. Reinhart Kosellecks Lektüren«, in: Carsten Dutt und Reinhard Laube (Hg.), *Zwischen Sprache und Geschichte. Zum Werk Reinhart Kosellecks*, Göttingen 2013, S. 95–110, Zitat auf S. 97.

75 Ders., »Zeitverkürzung und Beschleunigung. Eine Studie zur Säkularisation«, in: ders., *Zeitschichten*, S. 177–202, hier S. 177, 181, 201 f. und 197.

76 Vgl. nur ders., »Hinter der tödlichen Linie. Das
Zeitalter des Totalen« (2000), in: ders., *Vom Sinn
und Unsinn der Geschichte*, S. 228–240, hier
S. 235, wo es im Rückblick auf das vergangene
Jahrhundert heißt: »Ein Zerstörungspoten-
tial wurde entwickelt, das erstmals die gesamte
Menschheit und alle Menschen einzeln in eine
apokalyptisch zu nennende Drohung einrückt.«
Lucian Hölscher hat dazu sogar bemerkt: »Die
Grunddiagnose einer gesellschaftlichen Fun-
damentalkrise der Moderne hatte sich bei ihm
inzwischen zu einer apokalyptischen Endzeitvi-
sion radikalisiert« (Lucian Hölscher, *Zeitgärten.
Zeitfiguren in der Geschichte der Neuzeit*, Göttingen 2020, S. 153). Vgl. auch Koselleck, *Kritik und
Krise* (1959), S. 1.

77 Goethe an Zelter, 6. Juni 1825, in: Johann Wolfgang von Goethe, *Briefe*, Bd. 4: *1821–1832*, hg. v.
Karl Robert Mandelkow, München 1988, S. 146.

78 Günther, *Zeit der Geschichte*, S. 29.

79 Koselleck, »Wiederholungsstrukturen in Sprache und Geschichte«; ders., »Was sich wiederholt«, in: *Frankfurter Allgemeine Zeitung*, 21. Juli
2005. Vgl. dazu auch Kosellecks Antworten auf
die kritischen Nachfragen von Carsten Dutt in:
»Geschichte(n) und Historik«.

80 Ders., »Wiederholungsstrukturen in Sprache und
Geschichte«, S. 100.

81 Max Weber, »Wissenschaft als Beruf« (1919), in:
ders., *Schriften* 1894–1922, hg. v. Dirk Kaesler,
Stuttgart 2002, S. 474–511, hier S. 486 f. In seiner
Vorstellung von »Geschichtlichkeit« wollte sich

auch Koselleck nicht vom Überholungsparadigma enthoben wissen: »Wie die Geschichtlichkeit die Bedingungen der Möglichkeit von Geschichten überhaupt umreißen soll, so nicht minder den Ort, den darin die historische Forschung einnimmt. Sie entlastet den Historiker von dem Vorwurf einer vermeintlichen Subjektivität, der man insofern nie entraten kann, als ›die Geschichte‹ den Historiker und die Historie dauernd überholt. Die sogenannte Transzendenz der Geschichte meint hier jenen Überholvorgang, der den Forscher dauernd zwingt, die Geschichte immer wieder neu zu schreiben. Damit wird das Umschreiben der Geschichte nicht nur zur Fehlerkorrektur oder zum Wiedergutmachungsakt, sondern gehört zu den Voraussetzungen unseres Berufes – sofern die Geschichte der Historie transzendent ist« (»Über die Theoriebedürftigkeit der Geschichtswissenschaft«, S. 300).

82 DLA, A: Koselleck, »Beschleunigung und Säkularisation«. Kornmann wird hier neben Christoph Martin Wieland, Konrad Oelsner, Joseph Görres und Georg Friedrich Rebmann genannt.

83 Koselleck, »Zeitverkürzung und Beschleunigung«, S. 196. Auf die Erläuterung folgt noch ein weiteres Kornmann-Zitat: »Einem einzigen Menschenalter war es vorbehalten, Dinge zu sehen, wozu einst das Leben vieler Generationen nicht hinlänglich war.« (ebd.)

Erste Auflage Berlin 2022
Copyright © 2022
MSB Matthes & Seitz Berlin
Verlagsgesellschaft mbH
Göhrener Str. 7 | 10437 Berlin
info@matthes-seitz-berlin.de
Alle Rechte vorbehalten
Satz: Monika Grucza-Nápoles, Berlin
Druck und Bindung: Art-Druk, Szczecin
Umschlaggestaltung nach einer Idee
von Pierre Faucheux
ISBN 978-3-7518-0540-7
www.matthes-seitz-berlin.de